온유한 자는 복이 있나니

*　이 책에 실린 시는 정재완 시집 《내 꿈은 사랑입니다》(규장 간)에 수록되어 있습니다.

김우현 팔복 3

온유한 자는 복이 있나니

하늘의 마음을 품고 사는 삶

|김우현|

규장

온유한 자는 복이 있나니
그들이 땅을 기업으로 받을 것임이요

마태복음 5장 5절

차례

내 마음에 사모하는 처음 익은 무화과 ··· 7
황량한 사막에 가봤나 ··· 19
아무도 너의 꿈을 모르는구나 ··· 45
하늘에 갈 때까지 우린 친구다 ··· 63
공생애의 시작 ··· 77
예기치 않은 울음 ··· 97
여호와 삼마 ··· 123
성령님과 함께 춤을 ··· 145
베들레헴의 코드 ··· 161
천국의 아이들 ··· 181
흠모할 만한 것이 없는 풍경 ··· 207
사막에 샘이 넘쳐흐르리라 ··· 223
예수님의 땅으로 ··· 249
바보새의 노래 ··· 271

내 마음에 사모하는 처음 익은 무화과

재완이도 나도 그 작디작은 무화과다. 아무도 주목하지 않는, 지친 나그네들은커녕 우리 자신의 허기를 겨우 달래는 정도의 삶 밖에 못 꾸리고 있다. 그런데도 하늘은, 주님은 그 작은 열매를 사모하신다.

I

내 친구 재완이가 전화를 했다.

"어디냐?"

"어디긴, 광화문에서 장사하고 있어…."

"그래, 잘되냐?"

"안 돼…. 야, 나 돈 좀 벌게 해주라."

뜬금없는 소리다. 돈을 벌게 해달라니….

늘 자신의 사업에 자신 넘치던 재완이다. 비록 광화문 사거리 길바닥에 부채며 액자를 깔아놓고 하는 장사지만 스스로 CEO라 여기며 은근히 뻐기던 재완이다. 그렇게 번 돈으로 북한에 식량을 보내고, 이라크 난민 아이들을 위한 학교를 세워주겠다고 호기를 부리던 녀석이 바람 빠진 타이어마냥 힘이 없다.

언제나 그 길바닥을 지키는 불독 같은 고집에, "당신을 진정한 상도商道로 임명합니다" 하며 부러 칭찬을 마다하지 않았다. 그런 재완이가 돈을 벌게 해달라는 것이다.

"무슨 일이야? 그렇게 장사가 안 되냐?"

"으… 너무 안 돼. 날도 덥고, 해도 너무해."

숨이 넘어갈 듯 꺽꺽이는 목소리가 가시가 걸린 듯 아프다.

"내가 어떻게 돈을 벌게 해주냐… 인마."

"니가 내 영화 찍어서 사람들에게 보여준다고 했잖아?"

"영화를 찍자구?"

"그래…. 그거라도 하자."

전화를 끊고 밖으로 나왔다. 뜨거운 여름의 막바지로 치닫는 햇살이 강렬하다. 모든 풍경들이 현실이 아닌 듯 눈부셨다.

'나는 어디로 가고 있는 것일까?'

오랜만에 정처가 없었다.

무작정 나선 걸음 앞에 오랜 주택의 담 너머 무화과나무가 바람에 살랑인다. 수없이 오고 간 길인데, 서울에서 무화과를 볼 줄은 몰랐다. 예수님이 그러셨던 것처럼 진하고 단단한 잎사귀를 뒤져 작은 열매라도 있을까 가만히 살핀다. 역시 아무것도 없다.

재앙이로다 나여 나는 여름 과일을 딴 후와 포도를 거둔 후 같아서 먹을 포도송이가 없으며 내 마음에 사모하는 처음 익은 무화과가 없도다 미 7:1

그때, 며칠 전 읽은 미가서의 말씀이 생각났다. 이스라엘에서 '여름'은 '종말'이요 '추수기'다. 문득 구름 사이로 숨어 있던 태양 빛이 직격탄으로 쏟아진다. 주님은 감람산 동편 마을 '벳바게'에서 열매 없는 무화과나무를 저주하셨다. 벳바게란 '처음 익은 무화과(파게)의 마을(벳)'이란 뜻이다.

'내 마음에 사모하는 처음 익은 무화과….'

가만히 그 구절을 읊조려보았다.

무화과는 꽃이 없는 나무다. 재완이도, 나도 꽃이 없었다. 우리는 그저 길섶을 들쑤시고 나온 잡초였다. 유월절 즈음이면 무화과는 꽃 대신 잎사귀를 내기 시작한다. 봄이 왔음을 알리는 것이다. 그리고 작디작은 첫 열매를 내기 시작한다. 유대인들은 그것을 그다지 좋아하지 않았다. 쥐엄열매처럼 가축에게 주거나 지치고 배고픈 나그네들을 위해 남겨 두었다.

무화과의 진정한 결실은 여름에 나타난다. 그것은 '타에나'라고 불렀다. 벳바게 옆의 '베다니'는 '여름 무화과의 마을(벳 타에나)'이란 뜻이다.

나는 왜 자꾸 이런 생각을 하는 것일까?

재완이도 나도 그 작디작은 무화과다. 아무도 주목하지 않는, 지친 나그네들은커녕 우리 자신의 허기虛氣를 겨우 달래는 정도의 삶

밖에 못 꾸리고 있다. 그런데도 하늘은, 주님은 그 작은 열매를 사모하신다.

내 마음에 사모하는 처음 익은 무화과가 없도다

저녁 황혼처럼 검붉은 선지자의 입술을 빌어 토로하신다.
그 작고 초라한 열매를 기다리신다. 이해하기가 힘든 하늘의 마음, 풍경이다. 참으로 예기치 않은 말씀이 열리는 이 일상이 신비하기만 하다.
'나는 어디로 가는 것일까?'
다시 그 생각이 들었다.

2

"야… 우리 늙어 죽을 때까지 같이 어울려 영화 찍고 놀자."
"그래… 그러자."
재완이와 이십 년 전부터 후미진 뒷골목을 쏘다니며 그런 다짐을 해왔다. 어찌 보면 참 철없고 한심한 얘기다. 서른이 넘은 나이에 영화나 찍고 놀자니…. 그래도 우리는 그 얘기를 수없이 했다. 세상 모든 변방이 우리의 영화 세트이고, 골목 안 나무 그림자 일렁이는 그늘 아래가 영화사 사무실이었다. 작은 풀꽃, 떠도는 구름, 지나던 개미조차 엑스트라이자 관객이었다.

"가장 못나고 어리석고 바보 같은 놈들이 주인공으로 나오는 그런 영화를 만들자!"

언젠가 재완이가 말했다.

"그래, 바로 너 같은 놈….."

"그려… 나 같은 놈이 주인공인 그런 영화."

우리는 바람 속에서 농담을 주고받으며 언제나 신나고 자유로웠다. 휘파람 같은, 누구도 의식하지 않은 한 줌 햇살 같은 휴식이 있었다. 그런데 녀석과 영화를 만들자던 꿈을 자꾸만 잃어버리고 있다.

서른 즈음에 우리는 광화문 골목에서 처음 만났다.

이십 대 시퍼런 청춘을 소진하고 음부陰府의 구덩이를 막 통과하고 있던 나는 다시 대학 때 다니던 교회로 갔다. 재완이도 그 교회에 다니고 있었는데, 내가 지나다니던 골목에 서서 항상 담배를 피우고 있었다.

'자기가 다니는 교회 앞에서 거침없이 담배를 피우다니…. 정말 묘한 녀석이군.'

그런 재완이를 아무도 상관하지 않았다. 가끔 친숙한 사찰 집사님만 장난처럼 쓰레기를 만들지 말라고 호통치며 빗자루로 쫓는 시늉을 했다. 거리를 떠도는 개처럼 생각하는 것이다. 그러나 이상하게 그런 재완이의 풍경은 너무나 도발적이었고, 난 그것에 끌렸다.

녀석은 예배시간 내내 자매들을 뚫어져라 쳐다보다가 졸음이 오면 밖으로 나가 시멘트 담벼락 틈에 핀 꽃을 보거나 다시 담배를 피웠다. 그래도 심심하면 침을 뱉어 개미들의 길을 훼방놓고 낄낄거리며 세월을 좀먹었다. 서른이 넘었어도 아무것도 하지 못하고 그렇게 살아가고 있었다.

재완이를 처음 인터뷰하던 풍경이 아직도 선연하다.

"열 살에… 처음 집 밖에 나와봤어…."

언제부터 그렇게 싸돌아다녔냐고 묻자 재완이가 말했다.

'열 살'이란 나이가 그처럼 무겁게 느껴지긴 처음이었다.

"그럼 열 살 전에는?"

"날 때부터 무언가에 놀라 온몸이 마비가 됐지이… 뇌성마비가…."

"그럼 그 전까지 집에 있었던 거야?"

"응… 꼼짝 않고 누워 있었지."

"그런데 어떻게 열 살에 밖으로 나왔니?"

"아홉 살 추석에 시골에서 외할머니가 오셨어. 그리고 다음 해 추석에 일어나 걸으면 밤栗을 주시겠다고 하셨지…. 그러겠다고 약속하고 그때부터 벽에 등을 대고 일어나는 연습을 했어."

"그래서 걸을 수 있게 되었구나. 밤이 먹고 싶어서…."

"맞아…. 하지만 할머니하고 약속을 지키려고…."

나는 열 살의 재완이가 등을 벽에 기대고 걷는 연습을 하는 장면을 가만히 생각했다. 이상하게 하나도 서글프지 않았다.

"그래서 처음 밖으로 나온 기분이 어땠어?"

"너무 좋드라야…."

3

여전한 빛과 도시의 그림자가 무척이나 낯설다.

남부순환도로로 이어지는 길가가 늦여름 꽃처럼 서글프다.

'영화를 만들어야 한다.'

나는 그렇게 낯선 서글픔에게 고백했다.

아니, 여전히 기약 없는 이 맹세를 아무도 모르게 홀로 다짐했다. 재완이 전화 때문일까? 오후가 되자 몸이 무거웠다. '버드나무' 아이들을 불러내 예술의 전당 뒷산에 바람을 쐬러 갔다.

버드나무 아이들은 이상한 바람처럼 만나게 되었다. 각자의 영역에서 영상과 음악, 사진 작업을 하는 어린 동생들이 어느 날 조각 설탕에 모이는 개미들처럼 내 곁에 모여든 것이다.

나는 버드나무를 좋아했다.

개울가든 동구 밖이든 어디서나 뿌리를 내리고 길게 가지를 드리운 그 풍경, 수없는 잔가지가 이룬 휘장은 지친 나그네의 쉼이 된다. 이스라엘 백성들이 바벨론의 강가에서 수금을 걸고 고향을 그리워하며 노래했던 그것이 버드나무였다(시 137:1-3). 그렇게 약하고 묶이고 힘겨워도 '본향'本鄕을 그리워하는 작은 공동체를 꿈꾸었다.

아이들은 재완이처럼 각자의 서글픈 풍경들을 소유하고 있었다. 더 짙은 서글픔을 가진 재완이는 그들에게 아주 좋은 소재였다. 재완이는 내게만 아니라 아이들에게도 작업의 원천이었다. 세상 모든 결핍은 창조의 자양분이다. 그래서 지치지도 서러워하지도 말아야 한다.

동생들은 내가 어디를 가자면 언제나 오케이다. 동석이가 산속으로 차를 몰고 자꾸 올라가자 절 입구가 보이고 누군가 막아선다. 동석이 머리를 보더니 그냥 가라는 손짓을 한다.

"야, 동석이 머리가 이럴 때 한몫하는구나."

"그러게요. 아주 좋네요."

어릴 적 보약을 잘못 먹어서 '율 브리너'(영화 〈왕과 나〉에서 왕 역할을 맡은 영화배우로 삭발한 머리가 트레이트마크)가 된 동석이의 머리 덕에 깊은 숲에 갈 수 있었다. 때로는 상처와 그 생채기가 개런티가 된다.

산으로 오르는 길가 밤나무 숲이 울창하다.

아이들끼리 놀라고 하고 나는 그냥 차 안에서 한숨 자려 했는데 몸이 저절로 움직여져 숲속으로 걸어갔다. 날씨는 아직 여름 같은데 여기저기 태풍에 떨어진 밤송이들이 있다. 하나를 발로 비벼서 까보니 예기치 않은 작고 예쁜 밤톨이 나온다. 떨어진 밤을 이리저리 발끝으로 차며 나 혼자 놀았다. 작은 밤톨들이 여기저기 나뒹군다. 예민하게 생긴 청설모가 나무 위에서 그런 나를 노려본다. 문득 이것이 여치나 다람쥐들의 먹이가 될 수 있다는 생각이 들었다. 그래서 주웠던 밤톨을 가만히 내려놓고 보는데 문득 재완이가 생각났다.

'나, 돈 좀 벌게 해주라. 영화 찍어서 사람들에게 보여주고…'

재완이에게 영화는 내가 생각하는 것처럼 꿈이 아니었다. 그것은 현실이었다. 원치 않는 충격에 의해 몸이 뒤틀려버린 재완이.

'외할머니가 오셔서 밤을 보여주면서 일어나 걸으면 그 밤을 주신다고 했어. 그래서 등을 벽에 대고 걷는 연습을 했지. 그렇게 연습을 해서 다음 해 추석에 걸었지.'

벽에 등을 대고 걷는 연습을 하는 열 살 재완이.

이것이 내게 하나 밖에 없는 배우, 재완이의 프로필이자 내 서글픈 첫 영화의 전부다.

작은 밤톨 하나가 다람쥐에게도 재완이에게도 현실이었다. 재완이는 걷겠다는 약속을 이를 악물고 지켜냈다. 그래서 나도 만나고, 거리의 CEO도 된 것이다. 그런데 나는 우리 같은 못난 놈들이 주인공으로 나오는 영화를 만들자던 약속을 아직도 못 지키고 있다.

바람이 쏴아아 울고 매미도 어디선가 울었다.

그날, 열 살짜리 재완이가 처음 만난 세상의 햇살도 오늘처럼 강렬했을까? 내일 광화문으로 가야겠다고 마음먹었다. 그리고 재완이와 수없이 다짐했던 영화를 크랭크인해야겠다고 생각했다. 세상에서 단 하나뿐인 영화, 밤톨같이 작고 보잘것없는 바보 같은 우리들이 주인공으로 나오는 그 영화를….

황량한 사막에 가봤나

햇볕이 뜨겁게 이글거리고, 뜬금없는 회리바람과
사막의 떨기나무에 가시덤불에 불이 붙는 그런 곳….
주님은 그곳에서 하늘 뜻을 언약하시고 영광을 나타내신다.

4

자고 일어나니 비가 내리고 있다.

재완이와 우리들의 영화를 새롭게 찍기로 했는데 비가 내린다. 그러나 문제를 느끼지 못했다. 남들처럼 많은 장비와 스텝을 거느린 영화사가 아니다. 내가 혼자 연출과 촬영, 편집을 다 한다. 조명도 거의 써본 적이 없다. 흥행에 대한 부담조차 거의 없다.

재완이가 한동안 일회용 카메라에 빠진 적이 있다.

편의점에서 사가지고 와서는 나를 흉내내어 담배꽁초, 질경이, 참새 같은 것들만 마구 찍어댔다. 그리고 부지런히 인화를 해서 뒷골목에 전시를 했다. 거의가 초점이 맞지 않는 것이었다. 자전거를 타고 지나던 창희 형이 물었다.

"누구 보라고 이렇게 전시를 해놨니?"

"지나는 구름들이랑 참새들 보라고 했지이…."

그때, 거짓말처럼 참새 한 마리가 포르르 날아오더니 사진들 앞에서 갸웃갸웃하다가 다시 날아갔다. 나는 극적으로 그 장면을 찍었는데 정말 멋진 것이었다.

그후부터 흥행에 대한 자유함을 얻었다. 누구에게 우리 영화를 보일 것인가는 문제가 안 되었다.

몸을 가볍게 하고 사니 비가 오면 차라리 좋다.

"살수차撒水車를 빌릴 필요도 없잖아."

"그렇다고 비만 오면 우산도 없이 걸으라고 하니? 새끼야…."

"어, 너 감독에게 새끼라고 그랬지? 확 짜른다."

"그래, 짤라라 짤라. 십 년이 지나도 완성도 되지 않는 영화… 지긋지긋하다."

그렇게 객스러운 농담을 주고받으며 우리는 이십 년 가까이 함께 굴러왔다. 여전히 완성되지 않은 영화를 찍으면서….

"재완아, 어제 촬영하기로 약속한 거 잊지 않았지?"

"야… 인마, 내가 왜 잊냐. 근데 나 물건 떼러 가는 중이야. 갔다 와서 찍자."

비가 많이 오는데 액자를 떼러 시장에 간단다. 그 억척스러움이 강하다기보다 아프게 다가왔다. 재완이의 마비된 손으로는 우산을 들기가 어렵다. 뒤틀린 손으로 밥만 겨우 먹는 처지다. 게다가 액자며, 부채 같은 물건을 배낭에 넣어 등에 매고, 손에도 들어야 한다.

그래도 기어이 혼자 짊어지고 다닌다. 그 그악스러움은 일그러진 외모를 뒤집어쓰고서라도 기어이 살아와야 했던 재완이의 몸부림일지도 모른다. 나약해지지 않으려고, 아니 강해 보이기 위하여 스스로 덧입은 갑옷 같은….

재완이가 없는 광화문 사거리를 혼자서 돌아다녔다. 세종문화회관 앞 지하도에 비를 피해 잠든 노숙자가 보인다. 미동微動조차 없는 그 검은 물체 옆에서 재완이가 쭈그리고 앉아 시를 쓰는 장면을 떠올렸다. 그 옆에서 창희 형이 하모니카를 분다.

멀리 멀리 갔더니 처량하고 곤하며
슬프고도 외로워 정처 없이 다니니

뒷골목 담벼락에 붙은 담쟁이 덩굴손들의 박수 아래서 재완이는 이 찬송을 자주 불렀다.

예수 예수 내 주여 지금 내게 오셔서
떠나가지 마시고 길이 함께 하소서

나의 시나리오와 영화는 거의 그렇게 만들어졌다.

그냥 떠돌다가 눈앞에 다가온 마음에 드는 풍경 속에 들어가 촬영을 한다. 세상에서 후미지고 서러움의 그림자가 일렁이는 곳은 다 찾아갔을지도 모른다. 고수부지 외진 갈대숲에 기어들어가 자주 드러누워 있기도 하고, 영하 십 도가 넘는 추위에 예술을 하자며 웃통을 벗고 황량한 언덕에 눕기도 했다. 재개발 지역, 달동네, 폐가廢家란 폐가는 거의 다 탐험했다. 그렇게 우리는 누가 시키지도 않았는데 여기저기를 쏘다녔다.

"어이! 재완, 액자를 떼러 간 놈이 그 속에 들어가 갇혔냐? 왜 이렇게 안 와?"

재완이가 파는 액자 속엔 다양한 외국 여자 배우 사진이 들어 있다. 공장에서 배경으로 끼워놓은 것이다. 재완이가 액자 속에 들어가 여인들하고 낄낄거리며 노는 장면을 상상하며 농弄을 던졌다. 평소 같으면 "뭐, 이 새끼야" 하고 욕지거리를 하며 기다리라고 소리쳤을 텐데 왠지 힘이 없는 목소리다.

"미안, 미안…. 가고 있어. 기다려. 그리고 나 액자 못 샀어…."

"그게 무슨 소리야?"

"오늘 그 가게가 문을 닫았어."

"…."

빗줄기는 더욱 거세졌다.

힘없이 나타난 재완이를 뒷골목으로 데려갔다.

"야… 새로운 사업 아이템을 찾아야겠다. 좀 도와주라… 이러다 망하겠다."

"장사가 정말 어려운가보구나."

"창사 이래 최악이다."

"그래, 같이 찾아보자. 그런데 지금은 이 영화를 성공시키는 일이 중요해. 그걸로 새로운 길을 만들어내는 거야."

나는 기약도 없는 헛된 맹세를 하고 말았다. 지쳐 보이던 재완이가 두 주먹을 불끈 쥐더니 크게 외쳤다.

"그래, 우리 영화나 성공시키자! 새로운 길을 열어보자구!"

나는 영화를 만들면 그것을 거리에서 팔게 하고 싶었다.

영화라는 작은 꿈이 허기지고 지친 하이에나를 다시 일으켰다. 이 꿈이 없었다면 재완이는 얼마나 외로웠을 것인가. 그것만으로도 이 영화를 찍는 의미는 충분하다.

"어이, 일그러진 로버트 드니로, 골목으로 걸어가."

"알았어… 가지, 가고 말고…."

다시 평소의 거친 들개의 기운을 회복한 우리 '밑바닥 엔터테인먼트'의 대표 배우가 골목으로 가더니 카메라 앞에서 흐느적 춤을 춘다. 특별한 연출도 없다. 그냥 자기가 알아서 연기를 한다. 아지랑이처럼 아른아른 재완이의 춤이 휘청인다. 콘크리트 담벼락에 피어난 애기똥풀이 그걸 구경한다.

다시 빗방울이 떨어지기 시작했다.

"에이… 쓰벌… 액자도 못 사고, 비는 왜 이렇게 오는 거야."

재완이가 소리친다. 나는 즉시 컷을 외쳤다.

"야… 인마, 그렇게 감정을 함부로 보이는 건 예술이 아니지. 진정한 예술은 자기 경향성을 내면에 감추는 거야…."

"아이고, 형님 잘못했습니다. 하도 오랜만에 연기를 하다보니 그렇잖아, 이 새끼야!"

거칠게 소리를 지르더니 비를 맞으며 걷기 시작했다.

"감독에게 욕을 하는 배우는 너밖에 없을 거다."

나도 혼자 읊조리며 뒷골목을 걷는 재완이를 무심히 찍었다. 녀석은 어느 집 처마 밑에 잠시 비를 피하며 담배를 진하게 피웠다. 나는 타들어가는 꽁초를 클로즈업했다. 잠시 후 어디서 났는지 색연필 같은 것으로 담벼락에 무언가를 쓰기 시작했다.

너무 비가 많이 와서일까? 점심시간인데도 식당이 즐비한 골목길을 지나는 사람들이 드물다.

"쏴아아 쏴아아…."

담쟁이를 흔들며 쏟아지는 빗속에서 시를 쓰는 재완이를 찍었다.

나는 거칠다

시 같지도 않은 것을 낙서처럼 그려놓았다.
지렁이가 구불구불 기어가는 듯 해독하기조차 힘든 상형문자다.
"아까 욕한 거 회개하는 시냐?"
"그렇다… 이 새…."
다시 욕을 하려다가 말을 삼켜버린다.
'귀여운 녀석.'
속으로 웃음이 일었다. 한편으로 갑자기 그 글이 남의 등에 기대어 사는 겨우살이처럼 짙푸르고 원색적으로 다가왔다.
"그래, 우리는 거칠보이들이다."
"맞아… 우린 거친 놈들이지. 깍깍…."

예수께서 베다니 나병환자 시몬의 집에서 식사하실 때에 한 여자가 매우 값진 향유 곧 순전한 나드 한 옥합을 가지고 와서 그 옥합을 깨뜨려 예수의 머리에 부으니 막 14:3

'무화과의 마을' 베다니에서 일어난 이 사건은 내 영화의 본향 같은 풍경이다. 베다니는 감람산, 예루살렘 성城 밖에 있는 마을이다. 지금도 그 이름이 남아 있는 베다니, 벳바게는 성문城門 밖, 진陳 밖의 버려진 사람들이 살던 곳이다. 지독한 가난과 절망의 극단에 다다른 이들…. 이스라엘에서 나병환자는 천형天刑을 받은 자로 여겼다. 정상적인 유대인들이라면 그 사람들과 상종해서는 안 된다.

"나는 부정하다… 부정하다."

나병환자들은 유대인들을 만나면 길가로 비켜나 그렇게 소리쳐야 했다. 그런데 주님은 그런 이들의 집을 찾아 식사를 하셨다. 거기서 한 여인이 평생을 모은 향유 옥합을 깨트려 주님께 부었다. 그리고 그 머리칼로 예수님의 발을 씻는 풍경….

"이 여인은 내 죽음을 예비하는 것이다."

돈으로, 실용주의적 치수로 환산하여 여인을 꾸짖는 제자에게 주님은 말씀하셨다(막 14:8 참조). 이 정경이 내 영화의 그리움이다. 세상의, 절망의 극단으로 찾아가 그 풍경을 담고 싶었다.

친구 우현이가 이스라엘 갔다
예수님 고향 땅에
우리가 같이 가야 될 땅이다

나는 그것을 그리워하여 언젠가 감람 동편의 베다니와 벳바게를 찾아갔다. 먼지 풀풀 날리는 그곳에 도달하자 더욱 큰 그리움이 남았다. 내 사랑하는 예수님이 걸으셨던 그 길들은 모두 '하늘의 시詩'였다. '베다니'의 그 '타에나'가 '여름 무화과'만이 아니라 '빈곤한, 버려진, 남루함'이라는 의미도 내포하고 있음을 그때 알았다.

재완이는 뒤틀린 손으로 다시 오랫동안 무언가를 썼다.

글자 하나 적는 것도 쉽지가 않다. 그래도 쓰고 또 쓴다. 그 손을 클로즈업하는데 눈물이 핑 돌았다. 뒤틀리고 일그러진 이 험한 세상에서 희망을 일구고, 사랑을 꿈꾸고, 하늘이 주신 생生의 텃밭을 일군다. 그것이 우리 영화가 가는 길이다. 그것이 우리가 쓰려는 시의 전부다.

드디어 재완이가 시를 완성했다. 쏴아아 빗소리만 가득한 뒷골목에서 힘겹게 씌어진 시 하나. 나는 카메라를 끄지 못한 채 오래도록 그 시를 찍고 있었다.

하루 종일 내리는 비를
작은 꽃 하나 맞고 있다
외로워마라

5

재완이는 마로니에 나무 밑에 우두커니 서 있었다.

그렇게 비가 오더니 거리가 말끔해졌다.

"재완아, 새로운 사업 아이템을 달라고 기도해라."

내가 그렇게 말하자마자 녀석은 영원히 펼 수 없을 듯한 두 손을 꼭 쥐고 짧지만 간절히 기도한다. 그러더니 갑자기 "하하하" 하고 웃어댔다.

"왜 웃어?"

"난 니가 있어서 참 좋아."

내 귀를 의심했다. 재완이 녀석이 이런 정겨운 멘트를 날리다니! 혹시나 잘못 들었나 싶어 다시 물었다.

"내가 있어서 아님 일이 있어서? 뭐라고 했니?"

"응… 둘 다."

생각도 안 하고 바로 내뱉는다. 그때, 누군가 물고기 모양의 목걸이를 가져와 팔아보라며 슬며시 진열해주고는 휘익 가버렸다. 기도의 응답인가? 참으로 신기하다. 비록 길바닥에 물건을 깔고 장사를 하지만 재완이를 알고 돕는 이들이 많다.

삶은 이렇게 다채롭고, 질기고, 징하게 서로 연결되어 있다.

광화문 거리는 바람이 많다.

머리를 헝크는 바람 때문인지 재완이 눈에 물기가 느껴진다.

'난 니가 있어서 참 좋아….'

그 말이 심연心淵에 파문처럼 자꾸만 번져갔다.

마릴린 먼로, 브룩 쉴즈, 소피 마르소…. 요염하고 화사하게 웃는 여인들이 갇혀 있는 액자들 사이에 물고기 모양의 목걸이가 펄떡인다.

"야, 여기 갇힌 여자들이 니 애인들이냐?"

나는 분위기를 바꾸려고 농담을 던졌다.

"그렇다. 인마."

퉁명스레 답하고는 때가 절은 가방에서 책을 하나 꺼낸다.

《다니엘. 토비트. 유딧》이란 제목으로 보아 다니엘서와 외경外經 일부를 묶어놓은 책인가보다.

"어디서 났냐?"

"돈 주고 샀다."

어디 길거리에서 중고 책을 파는 이에게 싸게 산 모양이다.

재완이는 책을 열심히 읽는다. 그리고 시를 쓴다. 하루 종일 꾹꾹 눌러서 쓴 시가 한 달이면 노트 한 권이다. 그의 시에는 특별한 고민이나 갈등 구조가 없다. 은유隱喩나 알레고리도 없다. 카레라이스를 먹듯이, 후후 나오는 입김처럼 그냥 마구 쓰는 것이다. 그래서 그는 다작多作 시인이다.

거리에서 온종일 지나는 사람들만 쳐다보며 액자 하나 사주길 바라는 것은 형극荊棘일 터이다. 이 지루한 일상의 심심함을 견디려면 시도 쓰고 책이라도 읽어야겠지….

"심심해서가 아니라 무언가를 알고 싶어서지…. 난 알고 싶고, 가고 싶은 곳이 무척 많거든…."

내 심중을 읽었다는 듯 재완이가 말했다. 그래서 내가 물었다.

"근데 너는 유딧이 누구인 줄 아니?"

"다윗의 할머니라고 들었는데…."

어처구니 없는 대답이었다. 실상 유딧은 구약 외경 유딧서의 주인공으로서 여인의 몸으로 적진인 앗시리아군의 진영으로 들어가 적장의 목을 잘라 민족을 위기에서 구했다고 전해지는 인물이다. 하지만 재완이의 말을 듣고 유쾌한 상상을 해본다. 할아버지도 아니고 '다윗의 할머니'라니 재미있다. 참으로 이 밑바닥은 재미가 있다. 다윗에게 왜 할머니가 없었겠는가.

들에서 양을 치는 아이 다윗에게 할머니가 말한다.

"다윗아, 새참 먹고 일해."

"네, 알았어요. 할머니. 길 잃은 양 한 마리를 찾은 다음에 갈게요. 내 거 다 먹으면 안 돼요."

엉뚱한 상상을 하며 나 혼자 웃었다. 그야말로 외경外景이다. 후에 베들레헴 들판에 갔을 때 그 생각이 나서 혼자 웃었다.

"우리 가을 들판이나 가서 놀았으면 좋겠다."

재완이가 끽끽거리며, 주먹을 흔들며 말했다.

"그래, 가자!"

정말이지 가고 싶다. 아무도 모르는 외경, 그 거칠고 외로운 풍경 속으로….

그러므로 보라 내가 그를 타일러 '거친 들'로 데리고 가서 말로 위로하고 거기서 비로소 그의 포도원을 그에게 주고 아골 골짜기로 소망의 문을 삼아주리니 그가 거기서 응대하기를 어렸을 때와 애굽 땅에서 올라오던 날과 같이 하리라 호 2:14,15

나는 이 말씀을 무척 좋아한다.

하나님께서 못나고 남루해진 당신의 백성들을 '거친 들'로 데리고 가신단다. 거기서 위로하고 소망의 문을 열어주신단다. '거칠보이'인 우리에게 어울리는 말씀이다. 그러나 광야로 가고 싶어 하는 이는 드물다. 아버지의 마음을 읽지 못하기 때문이다.

많은 이들이 놓치고 있지만 복음서에서 예수님은 자주 한적한 광야로 가셨다. 그곳에서 밤이 맞도록 기도하시고 자주 거하셨다. 예수님도 거친 들을 사랑하신 것이다. 그런데 그의 제자가 되겠다고 하는 이들은 자기들끼리 똘똘 뭉쳐서 도무지 흩어지지 않으려 한다. 안온한 울타리에서 자기들끼리 있는 걸 좋아한다.

'스데반의 순교'라는 매를 맞고 흩어진 초대교회의 풍경을 생각했다. 그중에서도 빌립이 간 길을 탐구했다. 그는 흩어져 사마리아로 갔고, 가사 광야로 갔다. 성령께서 그를 그리로 데려가신 것이다. 나는 후에 그 땅들을 찾아갔다. 여전히 황무하고 거친 광야다. 그런데 거기서 놀라운 하늘의 역사들이 일어났다.

'성령님도, 예수님도, 하나님도 다 광야를, 거친 들을 좋아하시나 보다.'

그런 생각을 자주 하였다.

주님이 자주 가신 '한적한 곳'을 헬라어로 '에레모스'라 한다. 그것은 '빈 들', '거칠고 황량한 풍경'을 의미한다. 엘리야가 지치고 절망으로 무너져 로뎀나무 아래 쓰러져 죽기를 작정할 때에 천사가 나타나 숯불에 구운 떡과 물로 그를 회생시킨다. 그리고 엘리야는 분연히 일어나 사십 주야를 달려 하나님의 산 '호렙'에 이른다. 그 산은 모세가 여호와를 만난 곳이다. 언젠가 호렙이 '황무함'이란 뜻을 가졌음을 발견하고 놀랐다. 하나님의 임재는 그런 곳에 있다.

"그럼… 우리가 있는 이곳이 호렙산이냐?"

언젠가 재완이가 말했다.

"그럴 수도 있지. 여기가 광야고 사막이지. 가물어 메마른 영혼을 가진 네 놈이 있으니 더욱…."

"이게… 사지四肢가 따로 놀고 싶으냐?"

항상 그곳에 가고 싶었다.

햇볕이 뜨겁게 이글거리고, 뜬금없는 회리바람과 사막의 떨기나무에 가시덤불에 불이 붙는 그런 곳…. 주님은 그곳에서 하늘 뜻을 언약하시고 영광을 나타내신다. 말씀하시고 계시하신다.

진정한 하늘의 음성, 계시의 영靈을 받고자 하는 자는 광야로 가야 한다. 그래서 주님께서 그토록 자주 광야로, 한적한 들로 나가셨는지 모른다. 나는 그 에레모스를 무척 그리워하고 그곳에 가는 꿈을 자주 꾸었다. 어쩌면 지금 재완이가 내게 에레모스요, 호렙인지도 모른다. 그래서 이토록 자주 찾는지도 모른다.

점심시간에 그 많은 사람들이 지나는데도 아무도 액자를 사주지 않는다. 물고기 모양의 목걸이는 이제 지쳐서 죽은 듯 보인다. 마로니에 나무 밑에 나는 여전히 우두커니 서 있다.

유딧서를 넘어서 토비트에게까지 갔던 재완이는 갑자기 어디론가 걸어간다. 그러더니 종이 박스를 가져와 깔고 앉는다.

재완이는 갑자기 어디론가 걸어간다.
그러더니 종이 박스를 가져와 깔고 앉는다.
그리고 그 한 모퉁이에 시를 쓴다.

그리고 그 한 모퉁이에 시를 쓴다.

황량한 사막을 가봤나
난 아직 못 가봤다
거기에 어느 한 사람이 걷고 있다

6
"야… 이 시 못 썼다…."
다시 찾은 거리에서 재완이가 시 노트를 건넨다.
꾸불꾸불 지렁이가 기어가는 글씨, 뒤틀린 손으로 힘겹게 꾹꾹 눌러쓴 시들.
"글씨체가 예술이네."
구불거리는 굴곡마다 집념이 서리고 처연할 만큼 아픔이 스미어 있다.
"어제 밤에 방송에서 보고 생각한 건데… 잘 안 써져."
티브이를 즐겨보는 재완이는 정치와 시사에 관심이 크다. 이젠 체념하고 무감하게 그저 지나치는 나와 달리 현실에 열심을 보인다. 쿠르드 난민에 대해서 쓰다가 만 시였다.

터키 쿠르드 난민에 대해서 들었다
그들 땅에 석유가 있디(다)고 터키 정부군들이 와서 폭격을 하고
마을에 들어와 강제로 네쫓(내쫓)는다고 들었다
그 사람들은 산에 올라가 게릴라가 되어 자기 땅을

여기까지 쓰다가 더 생각이 나지 않았는지 멈추었다.

오전 내내 불던 바람은 사라지고 햇살이 뜨거웠다. 요나처럼 박 넝쿨 아래라도 기어들어가고 싶은 강렬함…. 사람들은 점심을 먹으려고 식당마다 길게 줄을 서 있다. 나는 마로니에 잎사귀 작은 그림자에 몸을 숨기며 다시 그 시를 읽어보았다.

터키의 변방 산악지대에 사는 쿠르드 난민들, 친구 S가 그들을 위해 선교를 하고 있다고 해서 처음 들어본 정도다. 아브라함 때부터 광야를 떠도는 유목민이라는 것 외에 그들에 대해 깊이 생각해보지 않았다.

"시가 엉망이지?"

"아니, 완성을 해봐. 근데 여기 앉아서 쿠르드 난민이 다 생각나냐? 장사도 못하면서…."

"우린 다 같은 형제야, 누구나…."

나는 고개를 끄덕였다.

우리는 아무 말 없이 쭈그리고 앉아 있었다.
'그들에게 점심을 즐기는 한가로운 시간이 있을까?'
문득 존 던John Donne의 시가 생각났다.

그 누구도 온전한 섬으로 존재할 수 없나니
모든 개인은 대륙의 한 조각이며
전체를 이루는 일부이다
(…)
어느 누구의 죽음도 나 자신의 상실이니
나는 인류에 포함된 존재이기 때문이라
그러하니 누구를 위하여 종이 울리는지
사람을 보내어 알아보려 하지 말라
종은 바로 그대를 위해 울리는 것이기에

_존 던, 〈누구를 위하여 종을 울리나〉 중에서

하오의 부서지는 햇살 아래 어디선가 종소리가 들리는 듯하다.
"하…."
재완이가 깊은 한숨을 내쉬더니 골목길로 들어가버렸다. 나는 뭐라 하지 않고 혼자 남아서 재완이의 액자들 옆에 서 있었다.

'어느 누구의 죽음도 나 자신의 상실이니….'

'우린 다 같은 형제야….'

나는 아직 쿠르드 난민까지는 생각지 못한다. 그들이 고향을 떠나 게릴라가 되어야 할 까닭을…. 저 아프가니스탄에서 차도르를 둘러쓰고 어둠의 시절을 관통하는 어린 누이의 메마른 길들을…. 그런데 재완이는 그들을 생각하고 있다. 이 광화문 거리에서.

이번엔 내 입에서 "하…" 하고 한숨이 터져 나왔다. 재완의 낡고 때에 절은 시 노트를 무심히 뒤적였다. 쓴 지 얼마 안 되어 보이는 지렁이 글씨 하나가 마음을 붙든다.

내가 앞으로 할 일은
남들한테 희망과 용기를 주는 일이다
(그렇게 하면) 더욱 나도 잘 댈(될) 것이다

교과서 같은, 정직한 아이의 다짐 같은 글이다. 그러나 나는 이것이 재완이가 찾던 새 아이템임을 단번에 눈치챘다.

'남들에게 용기와 희망을 주는 것.'

가만히 다시 그것을 읽어본다.

전체를 이루는 한 부분으로서 나의 남은 지체들을 위하여 이 변방에서 할 수 있는 최선을 다하며 천국의 희망과 용기를 배양培養하는 자유. 그리하여 언젠가 그 남은 부분이 내 몸으로 느껴질 때까지 아니, 그렇지 않다 해도 그 길을 묵묵히 가는 것. 그것이 사랑을 향한 내 친구 재완이와 나의 아이템이다. 진정한 새로운 아이템이 올 때까지 이 길을 계속 갈 것이다.

7

다시 광화문으로 왔는데 흐리고 잿빛이다.

그런데 재완이가 없다. 액자며 때 묻은 검은 배낭은 바닥에 그대로 있는데 녀석은 어디로 가고 없었다. 시를 쓰려고 골목길로 갔는가 하여 들어가보았으나 역시 없다. 재완이가 보이지 않자 마음이 약간 우울해졌다.

광화문에 올 생각은 없었다. 홍익대에서 기독교 문화에 대한 특강이 있어 가려다가 시간이 남아 교보문고에 들렀다. 시집들을 보다가 문득 녀석이 생각났다. "월계수 나무에 이르러 봤더니 쓴 열매뿐이더라"라는 폴 엘뤼아르Paul Eluard의 시를 읽는데 재완이 얼굴이 떠올랐다. 날이 무척 흐려서 장사를 하지 않을지도 모른다는 생각이 들긴 했다.

그런데 물건만 펼쳐놓고 녀석이 없었다. 다시 찾아갔으나 빈자리가 여전히 을씨년스러웠다. 마로니에 잎사귀 몇 개와 빈 담뱃갑 그리고 캔 커피 깡통이 빈자리를 지키고 있다. 이중섭의 은지화銀紙畵처럼 담배 은종이에 무언가를 꾹꾹 눌러 그린 그림이 있고, 길바닥에 쓰다가 만 시 노트가 펼쳐져 있다.

가을이 왔지만 즐겁지 않다

이 한 구절에서 더 이상 나아가지 못하고 멈추어 있다. 노트를 집어 뒤적여본다.

사랑은 날 가르치는 선생님이시라
또한 내 안에 있는 사랑을 발견하게 한다

우리는 사랑 찾아서
떠나는 길에 서 있는
방랑자인지 모른다

세상은 즐겁지 않지만 사랑은 재완이의 선생으로 곁에 있다.

안간힘이 느껴진다. '사랑'이란 진액을 모으는 엉키고 거친 뿌리가 보이는 듯하다. 나는 노트를 그냥 바닥에 툭 던져놓았다. 화장실에 갔을까 싶어 길 맞은편에 서서 기다렸다. 떨어져서 보니 펼쳐놓은 가게가 너무 옹색해 보인다.

"난 시인이 아니라 거리의 장사치일 뿐"이라며 객기를 부리지만 이토록 작고 초라한 노점의 대표였던 것이다. 액자 몇 개와 검은 배낭 하나가 놓인, 바닥난 샘물처럼 아무도 주목해주지 않는 그 자리가 녀석의 존재조차 비워져서 더욱 초라하다.

날은 흐려지고 다시 바람이 거칠게 분다.

'이 녀석은 자리를 비우고 어디 간 걸까?'

장사가 안 되서 자포자기하고 어느 뒷골목 담벼락 밑에 앉아 지나가는 여자들을 구경하거나 시를 끄적이고 있는지도 모른다. 시간이 아직 더 남았으므로 기다려보기로 했다.

그때, 바삐 지나는 사람들 사이로 유령처럼 검은 물체 하나가 스르르 미끄러져 왔다. 갯벌을 허둥거리며 지나는 집게의 발처럼 종종종 오더니 그냥 땅바닥에 털썩 주저앉는다. 쓰다만 시 노트를 물끄러미 보다가 누군가 노트를 뒤적였음을 발견한다. 아직 내가 맞은편에 서서 자기를 보는 줄도 모른다.

한참 동안 입을 비쭉 내밀고 노트를 물끄러미 들여다본다. 고개를 거의 땅에 처박을 듯 숙이고 자기가 쓴 시를 보더니 한참만에야 페이지를 넘긴다. 뒤틀린 손으로 종이를 넘기기도 벅차 보인다.

안간힘, 쓰다만 시에 이르러 손바닥으로 지면을 꾸욱 누른다. 한참 그렇게 미동도 없이 흐린 하늘 아래서 꼼짝 않고 있다. 마르고 왜소하고 어두운 그림자.

'마흔이 넘어서도 너는 길바닥에 주저앉아 있구나. 내 친구여….'

나는 갑자기 서러움의 기운에 사로잡혔다. 아무도 주목하지 않는 연약한 짐승 한 마리. 나는 소리 내어 울 뻔했다.

흐린 하늘 때문인가? 스산한 바람 때문인가? 대낮인데도 사방이 어둡고 서글프다. 그때 갑자기 슬로비디오처럼 고개를 든 재완이가 나를 알아보았다. 그토록 어둡고 서러워 보이던 몸짓에 힘이 쑥 들어가더니 나를 보고 씩 눈웃음을 한다. 순간 어둡고 서럽고 초라하던 재완이의 가게가 환해졌다.

아무도 너의 꿈을 모르는구나

문득 은하수 저편, 아무도 눈치 채지 못한 유성들의 두런거림이 들리는 듯하다.
우리들의 이 웃기고 하잘것없는 영화를 주님이 관람하시면 참 좋겠다.
그런 생각이 들었다.

8

"나다. 언제 올래?"

재완이가 갑자기 전화를 했다.

"지금 누구 만나고 있는데… 내가 오늘 가기로 했니?"

"아니, 그래도 언제 올래?"

무언가 힘이 없고 약간은 짜증이 난 목소리다.

"지금 누구 만나는 중이니까 내일 갈게."

말을 채 마치기도 전에 녀석의 전화가 탁 끊긴다. 정신없이 흐르던 내 마음도 툭 끊어진 느낌이다.

'언제 올래?'

광화문 거리에서 하루 종일 팔리지 않는 액자를 들여다보는 녀석의 풍경 위에 그 말이 마치 만화의 말풍선처럼 두둥실 떠올랐다.

지난 토요일 재완이는 '평양에 대학을 짓기 위한 후원의 밤'에서 그동안 모은 돈 오백만 원을 헌금했다. 하루에 액자 몇 개, 부채 몇 개를 팔아서 모은 피 같은 돈이다.

"내가 도움이 된 거니? 보탬이 된 거야?"

둘이서 손이 얼얼해지도록 꽉 잡고 기도를 하고 나서 재완이가 물었다.

"그걸 말이라고 하냐? 세상에 너처럼 가진 모든 것을 내놓은 사람도 드물 거다."

그렇게 말하면서 여전히 나 자신이 부끄러웠다. 재완이를 찍어서 3분짜리 영상을 만들어 후원의 밤 도중 상영했다. 어쩌면 처음 완성된 재완이의 영화일지도 모른다.

그 작은 것이 사람들의 마음을 흔들었다.

"이렇게 큰돈을 내고도 괜찮아?"

"그러엄… 내 꿈은 사랑이거든."

재완이는 자기 시 노트에 그렇게 썼다.

내 꿈은 사랑이다

"왜 장사를 하니?"

"내 꿈은 사랑이기 때문이지…."

길거리에서 장사를 하는 재완이와 이 멘트가 이 영화의 전부다.

그런데도 어떤 규모 있고 큰 것보다 깊은 울림으로 퍼져갔다.

영상이 끝난 후 사회자의 소개를 따라 나는 재완이를 부둥켜안고 무대에 올라갔다. 녀석은 나를 강하게 끌어안고 놓지 않고 있었다. 처음으로 많은 사람들의 주목을 받아보는 것이다. 그의 딱딱하고 굳은 손이 내 옆구리를 아프게 조여왔다. 하이에나처럼 거친 척하더니 이토록 연약하고 부끄러워하는 짐승이었던 것이다.

서러움을 안다고 서른이라는 즈음에 우리는 만났다.

나는 영화를 하기 위해 이리저리 휘청거리며 돌아다녔다. 그 누구에게서도 배울 수 없었고 찍기조차 엄두가 나지 않았다. 하루 종일 보도블록 틈새에 핀 풀들과 검은 비닐봉지, 담배꽁초만 찍은 적도 많았다. 무엇을 어찌해야 할지 몰랐다.

그때, 재완이를 만난 것이다. 교회 앞에서 담배를 피우고 침으로 개미를 수영시키는 이상한 녀석에게 끌렸다. 녀석이 던진 꽁초 하나도 예술처럼 느껴졌다.

"너의 꽁초는 정말 '공허하고 외로운 풀꽃(공초, 空草)' 같아 보여…."

"그려, 그게 바로 나야…. 외로운 들풀…."

입에서 터져 나오는 엉뚱한 말조차 시처럼 느껴졌다.

재완에게는 라면 한 그릇이 개런티였다. 녀석을 그저 따라가며 찍어도 한 편의 영화 같았다.

"야, 비디오video란 말이 무슨 뜻인 줄 알아?"

"비디오 하면… 에로비디오지 무슨 의미가 있냐? 낄낄…."

"비디오란 말은 라틴어인데 '하나님deo을 보다vi'라는 뜻이란다. 나도 얼마 전에 처음 알았다."

나는 비디오 아트 서적에서 읽은 것을 재완이에게 말했다. 뒤늦게 영화를 하겠노라 마음먹은 나는 극장에서 상영하는 그런 것을 생각하지 않았다. 어릴 적부터 가졌던 화가가 되는 꿈의 연장으로 그저 '시적詩的인 비디오'를 생각했다.

"와… 우리가 찍는 이 영화가 하나님을 보는 거냐? 정말 하나님을 보면 참 좋겠다."

재완이는 아이처럼 내 말 하나하나에 큰 반응과 화답을 했다. 돌아보면 나는 재완이를 크게 의지하고 있었다.

'영화를 가르쳐주세요. 주님… 제 영화 선생이 되어주세요.'

처음 중고 비디오카메라를 구입했을 때 나는 기도했다.

'얼마나 영화에 조예가 깊으시면 주의 영화로움을 보라고 했겠어요. 그러니 주님… 영화로움, 영화를 한다는 것의 진정성을 가르쳐주세요.'

나는 농담처럼 까불며 주님께 기도했다.

내 형제 중에 지극히 작은 자 하나에게 한 것이 곧 내게 한 것이니라

마 25:40

그런데 다음 날 아침, 성경을 읽다가 우연히 이 말씀을 발견하였다. 서울 변두리 반지하방에 유난히 아침 햇살이 강하게 스미던 시간에 그 구절을 읽었다.

'이것이 진정한 영화를 하는 것이구나. 지극히 작은 자 하나, 그들 안에 계신 주님을 카메라로 발견하라는 것이다. 담아내라는 것이다.'

그날, 정말 나는 주님께 영화를 배웠다.

그리고 세상의 변방을 쏘다니며 '지극히 작은 자 하나'를 찾아다녔다. 이 여정에서 내 안의 도무지 지워지지 않을 것 같던 허기와 허무가 점점 사라졌다. 참 신기한 일이었다. 단지 말씀 한 구절이 내 안에 들어왔을 뿐인데 그것이 거대한 바위처럼 내 영혼을 잠식했던 어둠을 서서히 밀어내었다.

재완이 같은 친구들… 거리를 떠도는 노숙자나, 파지 줍는 노인 같은 이들을 친구로 삼고 촬영하는 나를 주변에서는 독특한 사람이라 하였다. 소외된 이들을 섬기고 남들과 다른 풍경을 가진 진실한 사람이라고 하는 이들도 있었다. 어쩌면 나 스스로도 은근히 그렇

다 치부하였는지 모른다.

그러나 솔직히 고백하건대 내가 그들에게 기대어 살아온 것이다. 재완이와 나는 공생共生하는 어떤 벌레 같은 풍경을 가지고 있었다. 나조차 어디로 갈 데가 없을 때, 늘 광화문에 가면 친구를 만날 수 있었다. 그저 허허로운 시간을 때워줄 친구가 거기 있었던 것이다.

"나…떨고 있니?"

후원의 밤 무대에 오른 재완이가 벌벌 떨며 물었다.

"니가 무슨 최민수냐? 아무 걱정 말고 나만 붙들고 있어. 내가 말할 테니까."

그랬더니 정말 나만 꼭 붙잡고 있다. 그저 히죽이며 어쩌지 못하고 엄마에게 매달린 아이처럼 손을 놓지 않으려 안간힘이다. 무슨 영화제의 레드 카펫을 밟는 것도 아닌데….

〈내 꿈은 사랑이다〉라는 작은 영상은 다른 어떤 메시지나 보고서보다 청중들을 사로잡았다. 내가 대표로 짧은 소감을 말하게 됐다. 재완이 때문에 약간 휘청거리며 청중들에게 말했다.

"오늘 제 친구 재완이 앞에서 너무나 부끄럽습니다. 아직도 내려놓지 못하는 진실치 못한 나를…."

순간, 내 허리를 잡고 있던 재완이의 굽은 손에 더욱 힘이 들어갔다. 나도 재완이의 어깨를 감싼 손에 힘을 주었다.

한 가난한 과부는 와서 두 렙돈 곧 한 고드란트를 넣는지라 예수께서 제자들을 불러다가 이르시되 내가 진실로 너희에게 이르노니 이 가난한 과부는 헌금함에 넣는 모든 사람보다 많이 넣었도다 그들은 다 그 풍족한 중에서 넣었거니와 이 과부는 그 가난한 중에서 자기의 모든 소유 곧 생활비 전부를 넣었느니라 하시니라 막 12:42-44

이것이 하늘의 진실이다.

후원의 밤에는 유명한 크리스천 기업가들과 각계의 리더들이 모여 있었다. 그러나 두 렙돈을 연보한 과부처럼 자신의 모든 것을 내놓은 내 친구는 너무나 부끄러워 나를 꼭 잡고 있다. 말을 다 못하고 내 눈에 눈물이 맺혔다. 밖으로 나오며 재완이가 소리쳤다.

"또 오백을 모아야지…."

"그 돈으로 뭐하려고?"

"팔레스타인 아이들 학용품 사주고, 이라크 난민 아이들 학교 지어주고…."

"너 평양에 대학 짓는 일에 헌금하더니 겁 상실, 간 비대증에 걸렸구나. 학교를 그렇게 쉽게 지어도 되는 거냐?"

두 렙돈을 연보한 과부처럼 자신의 모든 것을 내놓은 내 친구는
너무나 부끄러워 나를 꼭 잡고 있다.

"그렇다. 새끼야. 쉽게 지을 거다. 내 맘이다."

그토록 떨던 녀석이 다시 거친 들짐승으로 변해 있었다. 그 모습이 제법 유쾌하다. 나 또한 속이 후련하고 기분이 상쾌하였다. 역시 우리는 뒷골목으로 나가야, 바깥바람을 쐬어야만 자유로워지는 짐승들인가보다.

'언제 올래?'
여전히 재완이의 거리는 쓸쓸하다.
다 내어준 그 공간에 허전함과 어둠이 채워진 것은 아닌가?
"내일 갈게."
재완이는 몇 편의 시를 더 썼을 것이다.
내일 광화문으로 갈 거다.
내 친구를 보러….

9
다음 날 갈 것이라 약속했지만 일이 분주해 가지 못했다.
방송 일이며 여러 사람들과의 약속으로 하루 종일 꼼짝 하지 못했다. 점점 분주해지고 재완이와의 약속을 어길 때가 많아졌다. 미안함에 점심이라도 사려고 전철역에서부터 맛있는 식당을 살피며 재완에게로 향했다. 그런데 도착해보니 액자 속의 여인들만 웃으며 반길 뿐 정작 녀석은 없었다. 전화를 했다.

"응… 골목에 있어."

골목으로 들어가니 시멘트 바닥에 쭈그리고 앉아 무언가를 들여다보고 있다.

"시 쓰는 거야?"

"아니… 이놈을 보고 있다."

무언가 했더니 눈에도 잘 보이지 않는 작은 풀꽃이었다. 나는 카메라를 꺼내어 줌으로 그것을 잡아당겼다.

"와! 이 작은 꽃도 줌업zoom up 하니까 참 아름답고 영롱한 자태가 있네."

어떻게 이 작은 꽃에 이처럼 다양하고 영롱한 디자인과 색깔이 들어 있을 수 있는가? 우리 아버지는 얼마나 기가 막히신 창조주이신가! 감격하여 계속 촬영하고 있었다.

"따르릉, 따르릉 비켜나세요. 자전거가 나갑니다. 길을 비켜요."

그때, 광화문 김치찌개 집 쪽에서 창희 형이 자전거를 타고 달려왔다.

"영감, 애들처럼 그런 노래만 부르고 다닐 거야?"

재완이가 심통을 부린다.

"그래, 나는 어린애다. 왜? 뭐 보태준 거 있냐?"

"니 맘대로 그렇게 살다가 죽어라."

둘은 만나면 늘 투닥거리는 천적天敵 사이다.

창희 형은 재완이의 말에 전혀 상처 받지 않는 독특한 은사를 가지고 있다. 자전거를 한 모퉁이에 세우고 하모니카를 꺼내더니 그냥 바닥에 앉아버린다. 그리고 알 수 없는 곡을 연신 불어댄다. 참 속 편한 사람이다.

"하모니카 강 씨, 신청곡 하나요."

방금 전까지 다투더니 금세 곡을 청한다.

"손님, 무얼 해드릴까요? 말씀만 하세요."

"우리에게 어울리는 '들장미' 부탁해요."

아주 만담을 하고 있다. 창희 형이 자기만의 색깔로 가곡 〈들장미〉를 구성지게 뽑는다. 뿅짝 뿅짝 간드러진 기교까지 넣으며 불어댄다. 눈을 지그시 감고 듣기만 하던 재완이가 작은 풀꽃을 다시 가만히 건드린다. 나는 그 장면들을 카메라에 담았다. 이것만으로도 한편의 시적 비디오가 완성되는 순간이다.

창희 형은 재완이의 소개로 만났다.

형은 광화문 외곽 적선동 지하방에 홀로 살며 뻥튀기나 호박엿,

자전거에 다는 싸구려 플래시 같은 것들을 판다. 그러나 본업은 하모니카 불기와 레고 만들기, 여행이라고 우긴다.

"아 참, 낡은 녹음기로 거리의 소리를 녹음하는 것도 있다. 그게 내 특기지."

언젠가 형 집에 갔을 때 자기의 특기를 죽 나열하더니 구석에서 무려 400개가 넘는 카세트테이프를 꺼내 보여주었다.

"이런 걸 형이 다 녹음한 거야?"

카세트 앞에는 '해운대 파도 소리, 신림동 전철 소리, 비 오는 소리, 강아지 소리' 같은 제목들이 붙어 있었다. '광주 가는 기차 소리'는 몇 시간 동안 그냥 기차 소리만 들리는 것이다. 처음부터 테이프가 끝날 때까지 거의 동일한 소리가 들린다.

"이건 새벽 소나기 소리인데 아무도 없는 새벽에 나가서 녹음했지."

역시 처음부터 끝까지 거칠게 소나기가 쏟아지는 소리뿐이다. 가끔 천둥소리, 번개 치는 소리가 섞여 있다. 듣기만 해도 시원해지는 그 소리를 광화문 모퉁이 가로등불 아래 앉아 녹음하고 있는 창희 형이 떠올랐다.

"왜 이런 걸 녹음하는 거야?"

"재미있잖아…."

'정말 이런 게 재미있을까?'

나도 한번 해보고 싶다는 생각이 들었다. 그중에서 가장 인상 깊은 것은 '바람에 비닐 흔들리는 소리'였다.

"이건 매우 시적인데 형이 제목 붙인 거야?"

"그럼, 나도 시인이야. 재완이만 시 쓰는 거 아니야."

나는 바람에 비닐 흔들리는 소리를 가만히 한참 들었다. 어느 후미진 골목에 앉아 낡은 카세트로 그걸 녹음하는 창희 형 자체가 한 편의 영화다.

"형도 우리 영화사 배우로 임명합니다."

"야! 이 영감은 연기를 못해. 대사를 못 외우고 아예 말을 못해."

다시 재완이가 고약한 표정으로 심통이다.

"내가 왜 못해? 나도 연기할 수 있어. 그리고 우현이 영화에 무슨 대사가 있니? 김 감독, 저 새낀 자기만 영화 찍으려고 욕심을 낸다."

꼭 투구게와 늙은 하마가 다투는 것 같다. 세상에 이런 한심한 천적들은 보기 어려울 것 같다. 창희 형에게 무슨 소리가 제일 좋으냐고 물었다.

"어린 애들이 놀이터에서 떠드는 거, 그 소리가 제일 좋아."

나는 아이 같은 창희 형의 사연을 깊이 묻지 않았다. 다만 재완이처럼 어린 시절 어떤 이유로 성장이 멈춘 것 같다고 추측할 뿐이다.

가족들이 있는 것으로 알지만 무슨 사연인지 쉰이 넘은 나이에 혼자 산다. 그래도 외롭지가 않아 보인다. 어린아이의 영혼을 가졌기 때문이다. 나도 형을 만나면 아이가 되었다. 모두가 자기의 필요와 유익, 실용주의적 부요함에 매몰되어 있는데, 이 하마는 바람소리 같은 거나 녹음하고 다닌다.

"어이, 창희 할매, 계속 불고 있어. 들장미."
"알았어. 분부대로 합지요."
창희 형의 하모니카는 정겹다. 단순해도 가슴을 울린다. 재완이가 그 소리에 맞춰 흐느적 춤을 춘다. 한적한 뒷골목이 일순 댄스홀로 바뀌었다. 형은 하모니카만이 아니라 키보드도 잘 연주한다.
언젠가 형의 지하방에서 만 원도 안 될 것 같은 싸구려 키보드를 발견했다.
"형, 이것도 연주할 수 있어?"
"그럼! 어릴 적 교회에 몰래 들어가 피아노를 치고 놀았지."
그날, 나는 니니 로소Nini Rosso의 〈밤하늘의 트럼펫〉을 처음 들었다. 키보드를 치는데도 마치 트럼펫 소리처럼 울리는 연주를 따라 우주로 높이높이 올라가 유영遊泳하는 듯했다.
"이 형… 참 잘하지?"

웬일로 재완이가 창희 형을 칭찬했다.

단순하고도 심금을 울리는 형의 연주를 듣는 것이 참 감사했다. 재완이가 키보드를 이어받아 그저 손가락이 움직이는 대로 마구 눌렀다.

"와아! 정 씨, 그냥 하는 것 같은데 아주 독특한데? 별명을 '니코틴 정'에서 '재즈 정'으로 바꿔도 되겠어."

"그렇냐? 나도 어릴 적부터 아무도 없는 교회에서 피아노 누르는 게 취미였지."

이 둘은 천적이면서도 공통점이 많다.

이후 우리는 아는 맹인 목사님의 빈 교회에서 자주 만났다. 재완이가 뒤틀린 손으로 낡은 피아노 건반을 꾹꾹 누르면 아주 독특한 재즈가 되었다. 처음 작곡되고 연주되는 곡을 따라 창희 형은 하모니카를 불었다. 나는 그 장면들을 가만히 작은 카메라에 담았다.

웬 아이가 보았네 들에 핀 장미화

갓 피어난 어여쁜 그 향기에 탐나서

정신 없이 보네 장미화야 장미화

들에 핀 장미화

창희 형이 들장미를 계속 연주하고 나는 중학교 때나 불러본 노래를 가물한 기억을 살려 흥얼거린다. 벽에 기대선 내 발에 작은 돌 하나가 꾸욱 밟힌다. 이 조약돌 하나에도 지닌 뜻이 있을 터다.

  골목길은 오늘따라 한적하고 우리들의 이 풍경을 저 하늘만 보고 있으리라. 문득 은하수 저편, 아무도 눈치 채지 못한 유성流星들의 두런거림이 들리는 듯하다.

  '우리들의 이 웃기고 하잘것없는 영화를 주님이 관람하시면 참 좋겠다.'

  그런 생각이 들었다.

  재완이가 그 작은 꽃을 가만히 들여다보다가 땅바닥에 무언가를 끄적이고 있다. 다가가 보니 여름 땡볕에 매직으로 꾹꾹 눌러쓴 단가短歌 같은 한 줄 시가 풀꽃 옆에 누워 있었다.

아무도 너의 꿈을 모르는구나

하늘에 갈 때까지 우린 친구다

하나님께서 못나고, 냄새 나고, 바보 같은 우리와 함께하시는구나!
그렇지, 우리와 함께하시지. 그러니 우린 친구지….
그렇다. 우린 친구다.

10

재완이가 갑자기 왔다.

"장사도 안 되고 노트 가져 왔다아…."

녀석이 소리치며 들어와 소파에 털썩 앉는다.

몸을 제대로 가누지 못하는 재완이의 털썩 주저앉는 소리가 흐린 하늘만치나 애닯다.

"시를 가져왔는데… 시가 말랐어."

거리의 바람과 때에 전 노트를 연다. 전에 보았던 시들이다.

그대는 누구인가 아무도
알 수 없는 듯이 나의
그대는 어디에 있는가 어디에 있든지
후일 내가 가서 만나 봐야겠다

이 시가 내 마음에 부딪친다.

서른이 넘어 겨우 한글의 기초를 익힌 재완이는 철자나 띄어쓰기가 엉망이다. 그래도 오히려 그것이 마치 의도된 것처럼 독특한 시적 조형을 가진다.

"장가 가고 싶냐?"

"그래에… 가고 싶다… 인마…."

"장가는 나중에 가고 오늘 충주나 같이 가자. 청년들 집회가 있는데…."

"좋지. 가자!"

손을 흔들며 소리친다.

재완이는 내가 집회를 가든, 촬영을 가든 어디든 흔쾌히 간다. 그저 떠나고 싶은 것이다.

"스무 살 크리스마스 때 무작정 부산 가는 기차를 탔지이…."

동교동 철로에 앉아 언제 처음 집을 떠나봤느냐고 물은 적이 있다.

"무작정 가출이네?"

"그랬지… 너무나 외롭고 어디에든 가고 싶었거든."

"그래, 가출해보니 어땠니?"

"바닷가에 가서 처음 파도를 보고… 그냥 앉아 있다가 돌아왔지."

"그게… 전부야?"

"응."

흐린 하늘 아래 어디선가 연기가 나는 듯한 빈 들판이며, 철길, 논둑길을 망연히 걷던 우리들의 청춘이 거기 보이는 듯하였다.

꽃들이 비를 맞으며 이야기한다
어디로 가고 싶은데 뿌리가 박혀 못 간다고 한다
비 그친 뒤 날아가는 벌이 말한다
너도 언젠가 꽃잎이 되어 날아간다고

몇 년 전 재완이가 쓴 시가 떠오른다.
재완이를 좋아하던 '시인과 촌장'의 하덕규 형이 이 시가 좋다며 노래를 만들어주었다. 재완이가 먹고살도록 거리에서 팔도록 해달라며 버드나무의 동생 도현이와 함께 음반을 내주었다. 그리고 친구들과 함께 작은 콘서트도 열었다.
미끄러질 듯이 사람들이 몰려와 재완이와 창희 형의 이야기를 담은 노래들로 함께 기쁨을 누렸다. 자기가 끄적인 시들이 노래로 만들어져 불리는 것에 재완이는 흥분했다. 그저 낙서처럼 지렁이 글자를 새긴 것인데 그것이 노래가 된 것이다. 그후부터는 시집을 내달라고 조르기도 했다.
"나도 니 시집과 영화를 만들어서 팔게 해야 하는데…."

언젠가 그렇게 말했는데 재완이는 틈만 나면 언제 그걸 만들 거냐고 물었다.

만나기만 하면 하도 닦달을 해서 〈안녕 사막〉이란 단편을 만들어주었다. 제목은 덕규 형의 노래에서 가져왔고, 재완이와 창희 형이 주인공이었다. 그것도 사람들의 마음에 울림과 휘파람 같은 소소한 휴식을 주었다.

하지만 정말 만들고 싶은 영화는 따로 있었다. 재완이에게 그걸 아직도 못 만들었다고 했더니 출연료는 얼마를 줄 거냐고 물었다.

"넌… 얼마 받고 싶은데?"

"한 백 억 정도는 받고야 말 테다."

"형, 장동건, 이병헌보다 더 많이 받을 거야?"

도현이가 곁에서 어이가 없다는 듯 한마디 했다.

도현이도 영화를 만들면 음악을 만들어주겠다고 약속을 했다.

"반드시 백 억은 받아야 해!"

고맙다는 말은 안 하고 인상까지 쓰면서 난리다.

"우리의 영화는 영원히 만들어지지 않겠군."

"이 영화의 출연료는 너한테 안 받고 하나님께 받겠다는 말이야."

우리는 잠시 멍해졌다. 그리고 감동했다.

"어이! 친구… 그런 거였어? 역시 우리 영화사 대표 배우답다."

"우리 영화는 하나님이 제작자이시니까 하늘에서 상급을 받아야 해."

재완이는 가끔 이런 예상치 못한 멘트로 나를 감동시킨다.

"언제 우리 영화 만들래?"

충주로 가는 버스에서 다시 은근히 묻는다.

"곧 시작해야지. 요즘 내가 너무 바쁘지. 미안하다."

"상대 여배우는 나오냐?"

"이 녀석이… 하나님이 제작자라면서 여자를 밝히냐?"

"영화엔 여자가 나와야지. 깍깍…."

"이게 왜 또 까치 소리를 내고 그래. 너 여자가 그렇게 좋냐?"

"그래, 좋다. 인마. 여자 한번 사귀는 게 소원이다. 충주엔 젊은 애들 많겠지. 깍깍깍…."

"너 거기서 애들 쳐다보고 껄덕거리면 죽음이다."

"알았어. 새꺄… 깍깍."

농담을 하며 서울을 벗어나니 모처럼 여행을 떠나는 듯 기분이 좋다. 재완이도 창밖을 보며 연신 웃기만 한다. 광화문에 뿌리박힌 재완이는 기회만 있으면 어디로 가고 싶어 한다.

"야… 경치 좋다. 가을 들판이 좋다야…."

"내 곁에 벌써 이십 년 가까이 있구나.
내 놈이 늙어서 고약한 영감이 되어도 니 곁에 있으마."

"그렇게 좋니?"

"떠나니까 좋다. 장사도 안 되고 시도 말랐는데 떠나니 참 좋다. 그냥 좋아."

하늘에서 시를 쓰다가 추락한 천사 같은 놈이다. 이상하게 녀석이 입을 열면 모든 게 시 같다.

"시가 말라도 쓰고 또 써라."

"그러엄… 난 계속 쓸 거다. 걱정 마라 이놈아…."

'그래 우리가 할 일은 쓰고 또 쓰고, 찍고 또 찍는 것이다. 그러다 보면 언젠가 꽃잎이 되어 날아가겠지.'

충주까지 어찌 가나 했는데 재완이가 동행하니 즐겁다.

"내 곁에 벌써 이십 년 가까이 있구나. 네 놈이 늙어서 고약한 영감이 되어도 니 곁에 있으마."

히히거리는 친구를 보며 새삼스러운 말을 했다.

'그런 날이 올 것인가….'

말해놓고도 그날을 생각하니 마음이 짠하다.

"그것이 나의 시다. 니 곁에 오래 있는 거…."

"어쭈, 오늘따라 이 녀석이 웬 아부…."

침 튀기며 유쾌하게 떠드는 오랜 친구 옆에서 눈물이 날 것만 같다.

II

날이 쌀쌀해졌다.

못 보던 새들이 나뭇가지에서 마구 울어댄다. 재완이가 보았다면 "야, 이 녀석들아, 그만 울어라! 나도 니들처럼 울고 싶잖아!"라며 시 같은 멘트를 날렸을 텐데….

그때 전화벨이 울렸다. 재완이다.

"양반되기 힘들겠구나."

"조금 있다가 갈게."

"그래라. 추워서 장사가 안 되냐?"

"아니, 그냥…."

점심시간 지나서 재완이가 왔다.

"컵라면 먹을래?"

"그래, 국물까지 싸그리 다 먹어 치울 테다."

"그런 헛된 맹세는 자주 하지 마라. 속만 버린다."

"아냐, 오늘은 다 먹어 치울 거야."

무언가 허기진 일이 있나보다. 재완이가 쓸데없는 맹세를 지키려 애쓰는 동안 나는 글을 썼다. '가난한 자'를 책과 영상으로 내고 간증집회 등으로 분주해지고 글을 많이 쓰게 됐다. 가족들과 재완이 외에는 말도 잘 안 하던 내가 간증이라니…. 거리를 떠돌며 세상의 버려진 것들을 촬영하던 내가 방송에서 다큐멘터리를 만들고, 생각지도 않은 작가가 된 것이다.

재완이도 사무실 바닥에 쭈그리고 앉아 무언가를 쓴다. 세상이 알아주지 않아도 쉼 없이 쓰고 또 쓴다. 거의 바닥에 붙어 웅크리고 글을 쓰는 모습이 번개 맞아 쓰러진 고목을 갉아대는 사슴벌레 같다.

> 썩은 통나무 속에 삼사 년쯤 작아진 허물을 벗고 벗으며
> 딱딱한 나무속을 먹고 또 먹으며 자연의 공장에 일꾼으로
> 자유의 공장에 일꾼으로 오늘도 할렐루 할렐루야
> 아무도 알아주지 않아도 할렐루 할렐루야 네 할 일을
> 모두 다 하는구나 우리 아버지처럼

덕규 형을 통해 만난 최성규 형의 노래 〈사슴벌레〉가 생각났다.

시인과 촌장의 〈푸른 애벌레의 꿈〉과 함께 이 노래는 내게 큰 영향을 주었다. 그렇게 살고 싶었다. 아무도 알아주지 않아도 썩은 통나무 하나를 갉고 갉아서 창조의 공장, 자유의 공장의 일꾼으로 살아가는 사슴벌레가 되고 싶었다. 그중에서도 나는 유독 "우리 아버지처럼"이라는 가사를 좋아했다.

예수께서 그들에게 이르시되 내 아버지께서 이제까지 일하시니 나도 일한다 하시매 요 5:17

우리 아버지는 쉬지 않고 일하신다. 그 사랑 때문에, 그 긍휼 때문에 나도 아버지의 공장에서 열심히 일하는 일꾼이 되고 싶었다. 아무도 알아주지 않아도….

재완이는 누가 요구하지 않아도 쉬지 않고 시를 쓴다. 짧은 것 하나 완성하는 데도 엄청난 힘과 공功이 들어야 한다.
"오우! 자태가 처절한 무명 시인일세."
"시가 아니야 인마, 그냥 나오는 대로 써대는 거지."
나도 다시 용기를 내어 글을 조금 썼다. 갈수록 글쓰기가 쉽지 않다. 영화를 만들자던 약속도 지키지 못하고 있다. 가고 가도 망설여지는 길이지만 그래도 가야 한다. 그게 내 할 일이다. 바닥에 웅크리고 시를 쓰는 친구를 보니 나도 모르게 힘이 들어간다.
"야… 점심 차려줘서 고맙다."
컵라면 하나에 만족한 재완이가 책상을 부딪치며 거칠게 다가온다. 손에 사과 박스를 찢은 종이가 들려 있다.
"아침에 에스겔서를 읽는데 이런 말씀이 떠오르더라구."

야훼 삼마
하나님께서 우리와 함께 계시다란
뜻이다

'여호와 이레', '여호와 샬롬'은 들어봤어도 '여호와 삼마'는 낯설다. 나는 재완이가 보았다는 구절을 살펴보았다.

그 사방의 합계는 만 팔천 척이라 그 날 후로는 그 성읍의 이름을 '여호와 삼마'라 하리라 겔 48:35

이스라엘이 바벨론으로 끌려갔을 때, 에스겔은 이 환상을 보았다. 하나님께서는 처절히 무너져버린 예루살렘 성이 다시 회복될 것을 보여주셨다. 그 성의 이름이 여호와 삼마였다. '삼마'는 '거기에'란 뜻의 히브리어다. 포로로, 어둠과 절망의 결박 속에 잡힌 이들에게도 우리 아버지는 '거기에 함께' 하신다.
가슴이 저리듯 그 임재가 느껴졌다.
'이게 신약의 '임마누엘'이란 뜻이구나.'
나는 다시 찢어진 박스에 쓰인 지렁이 시를 읽어보았다. 세상에 이런 간단한 시도 드물 것이다. 그러나 잔잔한 용기가 시온성처럼 나를 감싸는 것을 느꼈다.

그랬다. 우리의 이 벌레 같은 꿈틀거림을 그분이 지켜보고 계셨다. 포로가 되고, 지치고, 남루한 그 어떤 영혼들이라도 언제나 함께하고 계신 것이다. 그분의 얼굴을 구하고 예수님의 이름을 부르기만 하면 우리의 아버지가 되어주신다.

'야훼 삼마…'

나직이 읊조려보았다.

"친구야…"

나는 능글맞은 소리로 재완이를 불렀다.

"친구야… 왜 그러느냐?"

우리 밑바닥 엔터테인먼트의 대표 배우답게 재완이도 능청을 떨며 연기를 한다.

"하나님께서 못나고, 냄새 나고, 바보 같은 우리와 함께하시는구나!"

"그렇지, 우리와 함께하시지. 그러니 우린 친구지…"

약간은 엉뚱한 답이지만 명치가 쿡 쑤신다.

그렇다. 우린 친구다.

임마누엘의 하나님 아버지가 언제나 함께하시는 그런 친구.

하늘 아버지 앞에 갈 때까지 우린 친구다.

공생애의 시작

주님, 한 가지 부탁이 있습니다. 저도 주님처럼 공생애를 살게 해주세요.
제 생의 무게를 걸고 걸어갈 무엇을 주세요.
솔직히 그런 기도를 상상조차 해본 적이 없었다.

12

"글쎄, 언제부터일까? 그동안 너무 정신없이 흘러오느라 그건 깊이 생각한 적이 없는데…."

창희 형 집 앞에서 우리 둘이 기다린 지 삼십 분 정도 지났을 때다. 담벼락에 세워둔 리어카 옆에 수북이 솟은 비듬나물을 쓰다듬던 재완이가 불쑥 물었다.

"넌… 언제부터 영화를 하게 됐니?"

기습적인 어퍼컷을 맞은 듯 별거 아닌 그 질문에 약간 황망해졌다. 그러고 보니 그걸 생각해본 적이 거의 없다.

"근데, 갑자기 왜 그걸 물어?"

"그냥, 그 생각이 가끔 나더라구…."

그래, 가끔은 나도 내가 어떻게 영화를 시작했는지 궁금하기는 했다. 아무도 알아주지 않는 이런 바보 같은 영화를….

창희 형은 어딜 쏘다니는지 여태 오지 않는다. 그 굽은 손과 발, 거의 보이지도 않는 눈으로 자전거를 타고 달리고 있을 거다. 그러다가 어느 횟집 수족관 앞에서 물고기들 웅얼거림을 녹음하거나 그 앞에서 하모니카를 불어주고 있을지도 모른다.

늦은 가을 하오의 빛은 광화문 빌딩 숲으로 넘어가고 낮은 한옥 골목엔 인적조차 드물다. 삐그덕, 마모된 자전거 페달 소리가 들리는 듯하여 골목 모퉁이를 재완이와 동시에 쳐다보았다. 자전거가 쑥 나타났으나 창희 형이 아니다. 작디작은 할머니가 아이용 자전거를 타고 훌훌 지난다.

"이노무 창희 할매, 어딜 쏘다니는 거야!"

성질이 난 재완이가 가래침과 함께 툭 뱉었다.

얼마 전 늦은 장마 끝에 창희 형의 소식이 궁금해서 전화를 했다.

"나 몸이 아파. 방에 습기도 많이 차고…."

십수 번 만에 겨우 받고서 말했다.

"누가 찾아왔어?"

"아니, 누가 나 같은 사람을 찾아와. 안 오지. 세상에 날 찾아오는 사람이 어딨어."

끙끙 앓는 소리까지 하며 엄살이다. 쉰이 훨씬 넘었는데도 항상 어린아이다. 나보고 어서 병문안 오라고 엄살 피우는 거다.

"재완이하고 한번 갈게. 뭐 먹고 싶어?"

"응, 전에 같이 식당에서 먹던 거 있잖아… 삼계탕."

아프다는 종자가 말은 참 배우처럼 잘한다.

"아, 삼계탕… 그래, 그거 같이 먹자."

모처럼 시간을 내어 창희 형에게 가자고 재완에게 말했다.

"여자들한테 그렇게 많은 스타킹을 사다 바쳤는데 한 X도 안 가 봤단 말이야?"

그렇게 욕을 하고 비꼬면서도 손으로는 액자를 접어 가방에 넣는다. 겉은 딱딱하고 거칠어도 속은 부드러운 갑각류甲殼類다. '투구게'가 연상되어 그냥 웃었다. 성질하며 팍 구겨진 인상이 딱이다.

"오늘 내가 삼계탕을 직접 끓여주마."

"깍깍… 브라보! 니가 해주면 더 맛있지."

금방 투덜거리더니 두 주먹까지 불끈 쥐고 환호한다.

나는 가끔 창희 형 집에서 닭볶음탕이며 김치찌개 같은 것을 요리해주었다. 두 사람은 유난히 내가 만든 음식을 좋아했다. 그것을 먹으며 수다를 떨고 시를 쓰고 하모니카를 부는 풍경이 있는 요리 영화를 만들고 싶었다. 요리마다 이야기가 다르고 초대 손님이 있고 사연이 담긴다. 변두리에서 시를 쓰며 목회하는 맹인 목사, 집 나온 문제아 액션배우 두한이 등을 몇 번 찍다가 중지된 상태다.

"그렇게 좋냐? 내가 해준 삼계탕이?"

"좋지, 깍깍깍… 정말 맛있어."

"창희 형보다 더 좋냐?"

"암… 더 좋지. 그 인간보다 훨씬 좋지. 깍깍."

이상하게 재완이 웃음은 까치 소리처럼 "깍깍"으로 들린다.

"나보다 더 좋냐?"

"그러엄… 엉? 그건 아니지."

배낭을 앞에 있는 약국에다 던지듯 맡기고 앞장서서 창희 형 집으로 걸어간다. 나는 그 뒤를 쫓으며 카메라를 꺼내었다. 재완이가 걸으면 자동으로 찍는다. 그게 우리의 영화다.

'도대체 이 형은 만나기로 하고서 어디로 가버린 것일까?'

벌써 한 시간이 다 되어 간다. 이젠 내가 더 화가 나려고 한다. 아프다고 엄살을 피워 찾아오니 도망을 가버렸다.

"근데… 넌 언제부터 시를 쓰기 시작했니?"

불쑥 그런 질문이 나왔다. 내가 영화를 시작한 것보다 그게 더 궁금했다. 기습적인 질문인데도 재완이는 오래 기다렸다는 듯이 답을 한다.

"새 발자국을 보고 처음 시를 썼지."

"니가 무슨 한자를 만든 창힐[중국 고대 전설적 제왕인 황제(黃帝) 때의 좌사(左史)]이냐? 새 발자국을 보고 시를 쓰게…."

그렇게 말하고 나니 갑자기 떠오르는 장면이 있다. 며칠째 눈이 내리던 어느 겨울 날, 나는 재완이를 찾아갔었다. 경희궁 공원 부근에서 기다리고 있는데 하얀 눈 위로 검정 잠바를 휘감고 걸어오고 있었다.

"마치 까치같구나."

"그러냐? 내가 좋은 소식을 전해주는 사람이냐? 깍깍깍…."

그때부터 재완이 웃음은 그렇게 들렸다. 아니, 그렇게 울어대는 것 같았다.

"그런 착한 사람이 언젠가는 될 거다. 니가 어른이 되면, 더 성숙해지면 착한 일을 많이 할 거야."

"이 새끼가… 그럼 내가 애란 말이냐?"

재완이 눈을 뭉쳐 던지는 시늉을 해보지만, 딱딱하고 뒤틀린 손가락으로는 집어지지도 않는다.

"야, 이것 봐라… 마치 시 같지 않니?"

눈 위로 선명한 새 발자국들이 기묘하게 나 있었다. 그러고 보니 정말 여기저기에서 시처럼 독특한 느낌을 자아내고 있었다.

"나도 시를 쓰고 싶다."

재완이는 그렇게 말했다.

"써라. 누가 말리냐? 그냥 쓰면 되잖아. 나도 누가 시키지 않아도 영화를 만들잖아."

"그렇지! 그냥 쓰면 되지. 아무도 말릴 사람이 없지!"

재완이가 다시 주먹을 쥐고 깍깍거렸다. 그러더니 나무 막대기를 주워 새 발자국 옆에다 무언가를 쓰기 시작했다.

가을도 가고 없다
겨울이 왔다

이것이 재완이의 첫 시다.

"와아! 일본의 하이쿠俳句 같은 느낌이 나네. 멋지다."

"정말이냐? 나 재능이 있는 거냐?"

"그래. 계속 써봐라. 단순하고 짧은 시를 눈이든 땅이든…."

그때는 그저 한 번의 낙서 정도로 생각했다.

그런데 그후부터 정말 무언가를 쓰기 시작했다. 시를 배운 적도 없고, 학교조차 다니지 않은 재완이가 보도블록이며 담벼락, 버려진 박스 등에다 가리지 않고 마구 써댔다. 심지어 쓸 것이 없으면 입으로 시를 썼다.

"이건 예수님의 십자가에서 흘리신 보혈이 번진 거야. 우릴 위해서 이렇게 진한 피를 흘려주셨지."

공사를 위해 막아놓은 철판에 붉은 녹이 거칠게 슬어 있는 것을 보며 말했다. 그러고 보니 마치 보혈처럼 느껴졌다.

"이건 왕따 당한 별이 절망해서 하늘에서 떨어진 거야. 그 위에 무화과가 피었네. 왠지 구슬퍼 보이지 않니?"

바람이 다 빠져 버려진 배구공 위에 피어난 풀을 보고 재완이가 말했다. 그냥 툭툭 던지는 것 같은데 이상하게 폼이 났다. 그의 어눌한 말이 오히려 떨림과 격格으로 느껴졌다.

어느 순간 재완이는 그렇게 시를 쓰고 있었다.

13

며칠 동안 내린 비로 글자마저 흐릿해진 광고지에 재완이가 무언가 쓰고 있다. 창희 형은 전화를 해도 여전히 먹통이다.

'난 언제부터 영화를 하게 되었나?'

기다리다 지쳐서 내가 영화를 시작하게 된 연원淵源을 생각해보았다. 순간, 눈앞에 눈발이 거칠게 내리고 황량한 들판이 펼쳐졌다. 내가 서른이 된 해였다. 4월 말경이었는데 이상하게 때 아닌 눈이 하염없이 내렸다. 깊은 골방에 갇혀 책을 읽던 나는 눈의 기척을 느껴 창가에 섰다. 창문은 하나의 스크린 같았다.

나는 몸과 영혼이 지독하게 아픈 누나와 그로 인해 화병에 걸리신 노모老母 틈새에서 꼼짝도 못하고 얽혀 있었다. 비가 오거나 날이 스산해지면 누나는 어디론가 도망을 갔다. 때로는 영하의 겨울에 맨발로 도망간 적도 있다.

어느새 함박눈으로 변한 폭설을 기이하게 보고 있는데, 그 사이로 작은 물체 하나가 마구 달려가고 있었다. 나는 그것이 현실이 아니라고 생각했다. 그 물체는 누나였다. 누나가 도망을 가고 있었다. 나는 여전히 실감을 못하고 영화의 한 장면처럼 멍하게 보고 있었다. 다른 때 같으면 득달같이 달려가 머리채를 낚아채서 데려왔을 것이다. 그러나 나는 움직일 수가 없었다.

마치 계속 번져가는 수묵화水墨畵처럼 그것은 아름답기조차 하였다. 짙은 회색 하늘 가득 솜 같은 눈이 내리고 있었다. 그 한가운데를 한 점의 외롭고, 아프고, 지친… 서러운 그림자 하나가 바삐 달려갔다.

"그래… 가라. 가고 싶은 데로 훨훨 가라. 나도 이렇게 도망가고 싶은데… 얼마나 바람이 그리웠으면 그러겠는가?"

혼자서 영화 대사를 읊듯 독백을 했다.

그렇게 쉽게 누나를 떠나보내긴 처음이었다. 어머니는 밤새 속앓이를 하는 기척이셨다. 한두 번이 아니기에 막내인 내게 미안해서 내색조차 못하시는 것이었다. 나는 새벽까지 고무판화를 파며 라디오를 듣다가 겨우 잠이 들었다.

어릴 적부터 화가의 꿈을 가지고 그림을 그린 나는 서른이 다 되어 고무판화를 다시 시작했다. 어느 날, 허름한 동네 문방구 앞에 "고무판화 있음"이라는 문구를 보았다. 순간, 판화가 하고 싶어서 제일 싼 조각도와 함께 몇 장 사가지고 왔다. 그날 밤부터 나는 판화를 파기 시작했다. 검고 어둡고 편만한 어둠을 새벽까지 밀고 깎아내기 시작했다.

'주님, 당신의 풍경을, 천국의 풍경을 그리는 화가가 되게 해주세요.'

중학교 시절에 산등성이를 넘어 등교하면서 날마다 그 기도를 드렸다. 그러나 화가는커녕 아무것도 할 수 없는 무기력한 청춘이 되어 고무판화를 밀어내고 있었다. 시인과 촌장의 노래 〈가시나무〉를 듣고 들으며 밤夜을 깎고 밀어내었다. 그 노래는 무성한 가시나무 같은 나의 주제곡이었다. 그런데 몇 년 후에 놀랍게도 노래를 부른 덕규 형을 만나고 형제가 되었다. 형도 서럽고 발 시리던 나날들을 걸어온 사람이다. 그래서 우리는 더욱 의기투합하였다.

하룻밤에 열 장의 판화를 판 적도 있었다. 그날도 만만치 않게 어둠을 깎아내었다. 그렇게 해서라도 누나를 잊으려 애썼다.

다음 날, 거짓말처럼 완연한 봄 날씨가 되었는데도 누나는 오지 않았다. 무작정 도망가다가 외딴 곳 남의 집 처마 밑에서 웅크리고 있거나, 기웃거리다가 결국은 돌아올 것이다.

누나는 공부도 잘하고 재능이 많은 문학소녀였다. 그러나 알 수 없는 운명의 굴레, 어둠의 틈입闖入에 무너지고 말았다.

"누나는 잘 있을 거예요… 걱정 마세요. 어머니도 가고 싶은 밭에라도 가보세요. 가고 싶은 곳에 가세요."

그리고 나는 무작정 집을 나섰다. 하지만 막상 갈 곳은 없었다. 어디로 가고 싶어도 갈 수가 없는 시절이었다.

'이름 없는 항구에서 배를 타노라.'

4월이면 항상 그 노래 가사를 생각했다.

세상에 잊혀진 채, 아니 모든 것을 다 잊어버리고 낙엽처럼 떠돌고 싶었다. 종달새가 재잘거리며 하늘을 가르는 거리를 그저 걸었다. 나도 모르게 누나가 도망을 간 황토 언덕길로 접어들고 있었다. 그때 우리 가족은 식당을 하다가 아픈 누나로 인해서 쫄딱 망하고 서울의 변두리 지하방에 살고 있었다. 농촌과도 같은 동네여서 은밀히 숨어 지내기에는 딱이었다.

전날의 눈으로 인해 뱀처럼 구불한 오솔길은 약간 진창이었다. 평소처럼 누나가 빨리 그리고 무사히 돌아오게 해달라는 기도조차 나오지 않았다. 아지랑이가 야트막한 산허리 아래 밭고랑 사이에서 일렁였다. 나는 봄기운을 깊이 들이마셨다. 이상한 자유가 내 안에 흐르고 있었다. 터덕터덕 진창길을 걷다가 나는 흠칫 놀랐다. 진창에 검정 슬리퍼 하나가 꽉 박혀 있었다.

'급히 도망가느라… 벗겨진 줄도 모르고 갔구나.'

낡고 낡아 모서리가 다 해진 누나의 슬리퍼를 주워들자 갑자기 서러움이 복받쳐 올랐다.

어디까지 갔다 이제 왔니
어느 세상 떠돌다 와서 이렇게 지쳐
누워 있니

그날 밤 일기에 쓴 시가 아직도 생생하다. 누나의 슬리퍼를 손에 들고 나는 메마른 찔레나무 무더기 앞에 서 있었다. 그 뾰족한 가시들을 가만히 만져보았다. 그러면서 나는 누나를 돌아오게 해달라는 기도가 아닌 아주 낯선 기도를 했다.

'주님… 저도 이제 서른이 다 되었네요. 주님, 한 가지 부탁이 있습니다. 저도 주님처럼 공생애를 살게 해주세요. 제 생의 무게를 걸고 걸어갈 무엇을 주세요.'

솔직히 그런 기도를 상상조차 해본 적이 없었다.

아무것도 할 수 없었고, 아무런 희망도, 헛된 바람조차도 내 안에 남아 있지 않았다고 생각했다. 그런데 그렇게 기도하고 있었다. 그것이 갑자기 터져 나온 것이다.

"와아! 그때 그런 기도가 다 나왔구나."
제법 진지하게 듣기만 하던 재완이가 방청객처럼 반응을 했다.
"그래, 그건 정말 내가 의도하지 않은 것이었지."
"니가 하도 서러우니까… 주님이 니 안에서 그 기도를 해주신 것 아닐까?"
재완이가 이런 말을 하다니… 감동이다. 그러고 보면 정말 그랬을지도 모른다.

새는 날아다니는데
왜 우리는 날지 못할까
나는 외로워서 날지 못하지

재완이가 빗물에 흐려진 광고지에 쓴 시를 흘깃 읽었다.
나도 재완이도 외로워서 꽁꽁 묶여 있던 시절이다. 나는 이십 대

시절을 음부의 구덩이에서 헤매다 돌아와 신앙을 회복하던 중이었다. 재완이도 하릴없이 광화문 근처를 배회하며 담배로 세월을 죽이던 때다. 그때 재완이를 만났다. 예배 후에도 재완이와 광화문 골목들을 떠돌다 헤어지면 다시 예배당으로 올라가곤 했다. 아무도 없는 예배당을 삐걱 열고 들어가 그 깊은 어둠 속에 잠기곤 했다.

오 나의 자비로운 주님
나의 몸과 영혼을
주님 은혜로 다 채워주소서

당시 한창 불려지던 이 찬양을 나는 참 좋아했다.
기도조차 하기 힘들었던, 너무나 부끄럽고 바보 같은 시절이다.
이 찬양은 나의 모든 것을 담은 기도였다.

이 세상 괴롬 걱정 근심
주여 받아주시고
힘든 세상에서 인도하소서

이 정도까지만 불러도 나의 얼굴은 거의 눈물로 범벅이었다.

어느 누구에게도 들키고 싶지 않던 허기와 곤고와 누진 피곤이 홍수처럼 터지며 나는 울고 울었다.

예수 오 예수 지금 오셔서
예수 오 예수 채워주소서

나는 이 후렴부만 수십 번을 반복하였다. 그리고 어렸을 적부터 외우던 성구를 늘 떠올렸다.

구하기 전에 너희에게 있어야 할 것을 하나님 너희 아버지께서 아시느니라 마 6:8

이 말씀이 얼마나 위로가 되었는지…. 영혼까지 뜨거울 정도로 너무나 부끄러웠으므로 기도조차 하지 못하던 시절이다. 그러나 우리 아버지는 구하기 전에 있어야 할 것을 이미 다 아신다. 그분이 우리 아버지다. 역시 말씀 하나가 내 안에서 등불로 타올랐다. 부끄러움을 넘어 누더기 같은 내 껍데기 속의 가장 본질적인 필요와 갈망을 만지시는 아버지. 나는 그 진리를, 그 사랑을 믿었다. 믿고 싶었고, 살기 위해서라도 믿어야 했다.

'찬양은 곡조 있는 기도'라는 오랜 풍문을 붙들고 "예수 예수 지금 오셔서 채워주소서"라고 수없이 노래한 것이다. "누구든지 주의 이름을 부르는 자는 구원을 받으리라"(롬 10:13) 하신 말씀도 믿었다. 그렇게라도 예수님의 이름을 부르고 부르면 구하기 전에 이미 나의 필요를 아시는 하늘 아버지가 주시리라 믿었다. 예수님의 구원이 내게 임할 것을 믿었다.

"그래서 니 공생애가 시작되었냐?"
"응?"
"너의 그 기도를 들어주셨냐구?"
'공생애의 시작.'
아직 거기까진 생각조차 해보지 않았다.
"그후에 재완이… 네 놈을 만났지. 그리고 구로동의 희년선교회라는 곳에 가게 되었고, 공장 다니는 고단한 노동자들과 영화를 보는 모임을 했지. 너도 같이 갔었잖아? 삼립빵 네온사인이 보이는 그 선교회…."
"그래, 거기 알지. 그때 영화를 참 많이 봤지."
나는 영화를 보고 나누는 동안에 갑자기 영화를 해야 한다는 생각에 사로잡혔다. 지금도 그렇지만 당시에는 더욱 영화를 한다는 것은 선택된 소수의 이야기였다. 그런데 내가 그것을 하고 싶은, 아니 해야 한다는 갈망을 품은 것이다.

"그리고 영화를 해야겠다는 강한 확신이 들었고… 너를 만났고."

"그럼 나를 만나서 영화를 시작한 게 니 공생애의 시작이구나!"

갑자기 재완이가 소리치듯 말했다. 나는 재완이의 모습이 우스꽝스러워서 하하하 웃기만 했다. 그때 저 골목 끝에서 신나는 라디오 소리가 들려왔다.

"창희 형이 오나보다."

"저 노무 늙은이가 이제 오고 지랄이야."

욕을 퍼부으면서도 재완이가 먼저 골목으로 뛰쳐나간다. 기다리는 우리를 전혀 개의치 않는 창희 형이 자기에게 어울리는 작은 자전거를 타고 나타났다. 광부용 플래시가 달린 헬멧을 쓰고 핸들 가운데도 여러 장식으로 튜닝을 했다.

"어이! 늙은 영감, 우현이가 삼계탕 해주려고 닭까지 사왔어!"

"어! 그래? 신나라. 고마워, 동생."

그게 전부다. 미안하다는 말도 없다. 그래도 나타나준 것만으로도 고맙고 반갑다.

"아직도 아파?"

"아니, 다 나았어. 안 아파…."

"누가 왔다 갔어?"

"응… 있잖아, 천사 영란이."

"그동안 쥐포며 호박엿, 스타킹을 사다 바친 게 얼만데 와야지."

재완이는 자매들 얘기만 하면 괜히 흥분을 한다. 자기보다 창희 형이 인기 있는 게 배가 아파서이다. 창희 형은 자매들만 아니라 나에게도 늘 선물을 한다. 내 어린 딸 지우에게도 청계천 벼룩시장 같은 데서 구한 이상한 장난감들을 많이 갖다주었다. 아마 다른 사람들에게도 그럴 것이다. 그래서 인기가 좋다. 성경에서 말하듯 주는 데 인색하지 않기에 도로 받는 것이다. 창희 형이 문을 열자 재완이가 제 집처럼 먼저 계단으로 내려가며 궁시렁거린다. 손과 발이 굽은 창희 형을 부축하며 내가 말했다.

"야, 솔직히 자매 사랑은 네 놈이 더 하지 않냐?"

"그렇지! 내가 더 좋아하지. 여자 없으면 못 살지. 여자는 나의 힘이지."

"여호와가 나의 힘이 아니고 자매가 나의 힘이냐?"

"아냐! 그건 아냐."

재완이가 극구 부인하자 창희 형이 한마디 한다.

"아니긴 뭐가 아니야! 니가 지난 여름에 한 짓을 우현이에게 고자질한다."

나 없는 사이에 광화문에서 무슨 일들이 있었나보다. 시를 쓰는 거리의 장사치를 기억하고 가끔 찾아오는 여인들이 있다고 들었다. 아마 그 얘기일 것이다.

"시끄러… 이 늙은이야! 말하면 죽음이다."

"하하하…."

"깍깍깍…."

어둔 계단에서 신발도 안 벗고 옥신각신하다가 우리는 석류 같은 웃음 한 줌을 토했다.

'그래, 이것이 주님이 열어주신 나의 공생애인지도 모른다.'

웃음소리 끝에 그런 생각이 매달려 왔다.

그날의 어설픈 기도를, 서른이 되었으니 예수님처럼 공생애를 살게 해달라는 기도를 들으시고 응답하셨는지도 모른다. 우리 주님은 능히 그러신 분이다. 작은 신음 하나, 눈물 하나도 보고 계신다. 그래서 이 친구들을 만나게 하신 것이다. 서러움을 서러움으로 밀어내는 나와 친구들의 밑바닥. '처음 익은 무화과'가 있는 베다니, 주님의 공생애를 닮은 이 풍경을….

예기치 않은 울음

내가 진정으로 꿈꾸는 삶을 성령님이 인도하신다니!
그 성령님을 알지 못하는 나의 무지를 내 영혼이 아파하며 이런 엄청난 울음을 울다니!
나의 영이 있다는 것조차 의식하지 못하고 살아왔던 것이다.

14

재완이가 비를 잔뜩 뒤집어쓰고 거칠게 문을 열고 들어왔다.

그러더니 소파에 털썩 드러눕는다. 덕규 형이 재완이 피곤할 때 누우라고 갖다준 것이다. 그것을 안 재완이는 오기만 하면 거기 벌렁 누워버린다.

"야! 이거 가져왔다."

조끼 안쪽에 끼고 온 시 노트를 꺼내어 휙 던진다. 옷은 다 젖었는데 시 노트는 하나도 젖지 않았다. 백지 연습장에 지렁이 글씨가 가득하다.

"와우! 글씨가 날로 번창하시네요?"

난 분위기를 바꾸려고 농담을 했다.

"그게 잘 쓴 거냐?"

"세상에 이런 글씨가 어디 있냐? '재완체'라는 폰트를 만들어도 좋겠어."

녀석은 칭찬하면 금세 얼굴이 밝아진다.

그러면서 푸념 같은 말을 던진다.

"글씨만 번창하면 뭐하냐… 결혼할 여자도 없는데… 하…."

다시 여자 이야기를 하면서 천 년은 더 묵은 듯한 깊은 한숨이다.

며칠 전 창희 형 집에서 갑자기 결혼하고 싶다고 타령을 하기에 기분 띄워주려고 예쁜 자매를 소개하겠다고 했는데 은근히 협박하는 눈치다.

"점심은?"

나는 피해가려고 딴소리를 하였다.

"아직이지…. 비 피해 오느라고 죽어라 달렸지…."

빗속을 냅다 달리는 모습이 눈에 선하다. 휘청이고 뒤뚱거리며 달려온 길들이 아프다. 나는 컵라면에 뜨거운 물을 부어주고는 시 노트를 펼쳤다.

거리의 매미는 운다
짝을 찾기 위해 운다
그래야지 내년에 또 울지

내 사랑하는 님이여
당신을 어제 보는데

내 슬픔이 몰려오는지 모르겠네
당신이 찬양하는 모습 보는데
참 예뻤어요
난 당신의 이름 모르나
나 당신 사랑할래

전에 보이지 않던 사랑에 대한 시들이 자주 엿보인다.

어느 모임에서 마음에 드는 자매가 생긴 모양이다. 하기는 재완이도 남자고, 사랑을 하고 싶은 외로움을 가진 영혼이다. 그 외로움의 무게가 너무 커서 날지 못하는 아픈 새다. 그러나 그 아픔을 누구도 헤아리지 않았다. 버티고 있는 산처럼 항상 그렇게 살 것이라 치부한 것이다. 이번 시 노트에는 은근히 '사랑', '소녀', '여인'이란 단어가 제법 많다.

"너… 연애하고 싶냐?"

라면을 먹던 재완이가 기다렸다는 듯이 즉각 답을 한다.

"내 평생 소원이지… 깍깍."

"평생 소원이 주님의 일이 아니고 연애냐?"

"주의 일이 제일 먼저고, 그 다음이 여자 꼬시기… 깍깍…."

순간, 작업실의 동생들이 한바탕 웃어댔다.

전 같으면 "왜 웃어 이 새끼들아!" 하면서 욕지거리를 했을 거다. 그리고 그 거칠고 딱딱한 손으로 동석이 머리를 내리쳤을 것이다. 그러나 이상하게 아무 대꾸 없이 컵라면을 후후 불며 힘겹게 먹고 있는 재완이가 측은해 보였다. 가끔 내가 아내와 딸을 데리고 오면 무척 부러워하는 눈치였다. 딸아이가 내게 안겨서 장난이라도 치면, "나도 결혼하고 싶다…" 하면서 쓴웃음을 지었다. 그러고는 어둔 계단으로 가서 쭈그리고 앉아 글을 쓴다.

나도 언젠간
예쁜 아이 키우고
싶은데 아직도
나한텐 애인이 없다

휴지통에서 주은 마분지에 이런 시를 끄적여놓았다. 아예 노골적인 시위를 하는 것 같았다.
"야, 우리 '재결추(재완 결혼 추진위원회)'라도 결성해서 저 한恨을 풀어주자."
"창희 할매하고 결혼시키면 되잖아요. 방도 있고."
한 후배가 농담을 했다.

나는 서른 중반에 결혼을 했다. 그때, 가장 마음에 걸리는 것이 재완이였다. 결혼을 하면 나도 가족들에게 집중해야 할 것이다. 자주 찾아가지 못할지도 모른다. 그러면 재완이 혼자 광화문에 남아 있어야 한다. 혼자 우두커니 액자를 팔고 시를 쓰는 재완을 생각했다. 사방이 어둡고 가슴이 아려왔다.

처음 영상을 시작했을 때 우리는 주일이든 평일이든 주로 광화문 뒷골목을 떠돌며 촬영을 하고 수다를 떨었다. 라면 한 그릇까지 먹고 헤어져야 할 때 교보문고 지하도에서 몇 번이고 손을 잡았다 놓았다 했다. 누가 보면 꼭 연애하는 사이 같았으리라. 녀석의 뒤틀리고 힘이 잔뜩 들어간 손, 거칠지만 항상 따스한 손, 내가 결혼을 하면 그 손을 잡아줄 사람이 없을 것만 같았다.

봄이 오는 길목에
나는 서 있네
그냥 그렇게 서 있네
꽃필 때를 기다리며
나는 그냥 서 있네

그즈음 쓴 재완의 시가 내 명치를 아프게 찔렀다.

기다려도 오지 않는 친구를 무작정 기다리며 서 있는 스산한 풍경 같았다. 하지만 그것은 기우杞憂였다. 결혼 후에 우리는 더 자주 만났다. 나는 방송 일을 하면서도 틈만 생기면 광화문으로 갔고, 재완이는 아예 여의도에 와서 장사를 하기도 했다. 그리고 내가 일을 마치고 나타나면 재완이도 장사를 접고 갈대밭이나 목동의 개천 근처를 탐험했다.

"재완아, 너 장가가려면 일단 담배부터 끊어야 해. 그 거친 입은 차후 문제고 일단 담배부터 정리하자."
"나도 그러고 싶지…. 온갖 방법을 써도 안 되는 걸 어떻게 해."
그건 사실이다. 나는 무엇보다 이 지독한 골초의 건강이 가장 걱정이었다. 오죽하면 스스로 '니코틴 정'이라는 별명을 붙였을까?
"너 같은 놈하고 결혼하려는 여자는 자기를 비우고 십자가를 져야 하는 정말 신앙이 좋은 사람일 텐데 담배를 피우는 것을 얼마나 싫어하겠냐? 니가 가장 하고 싶어하는 키스를 하려면 담배 정도는 끊어주는 센스가 있어야…"
"키스! 좋지, 좋아! 너무 하고 싶다. 깍깍."
"그러려면 담배를 끊어야 한다니까!! 너 정말 말 안 들으면 창희 형하고 키스하는 연기시킨다."

"우엑… 날 보고 차라리 죽으라고 해라. 이놈아!"

하긴, 재완이가 노력을 안 한 것은 아니다. 근육과 신경이 마비된 몸으로 줄담배를 피는 것은 연애는 둘째 치고 생명에도 큰 지장이 있을 것이다. 금연초禁煙草, 금연껌, 침술, 기공체조 안 한 것이 없다. 그래도 끊지 못했다.

"담배 귀신이 있는 거 아세요? 정말 담배는 귀신이 못 끊게 해요."

'버드나무'에 자주 오던 유명한 연극 배우 S자매가 언젠가 그렇게 말했다.

"그것은 강력한 하늘의 능력으로만 끊어요. 그 힘이 임해야 해요."

자신도 새벽기도 때 성령을 받고 갑자기 끊게 되었다고 했다.

"너, 정말 끊고 싶은 마음은 있는 거니?"

"그럼… 나도 끊고 싶은데 잘 안 되서…."

마지막 라면 국물을 넘기며 노루처럼 서글픈 눈으로 답했다.

"그럼, 우리 기도하자. 능치 못하심이 없으신 우리 전능하신 아버지께 기도하자. 주님께, 성령님께 끊어 달라고 구하자."

"그래, 아버지가 도와주시면 확 끊어질 거야."

재완이는 내 말이라면 거의 순순하게 듣는다.

라면 냄새를 풍기며 우악스럽게 내 손을 잡아 소파로 끌고 간다. 우리는 두 손을 꼭 잡고 기도를 시작했다.

나는 무엇보다 이 지독한 골초의 건강이 가장 걱정이었다.
오죽하면 스스로 '니코틴 정'이라는 별명을 붙였을까?

"전능하신 아버지, 도와주세요. 담배 귀신이 싹 떠나도록 강력한 능력을 부어주세요."

15
시란 것도 하나님이
주시지 아니하면
내가 절대로 쓸 수가 없다
하나님께서는 나에게
시를 쓸 수 있는 기회를 주셨다

"어! 재완아, 너 시가 바뀌었구나? 언제부터 이런 시를 쓴 거야?"
오랜만에 시 노트를 가져온 것을 읽다가 내가 말했다.
"응, 요즘 성령님께서 시를 주셔… 새로운 시가 막 나와."
녀석의 얼굴빛에서 깨끗하고 싱그런 물기가 느껴진다. 그동안 보아온 밑바닥 영화사 대표 배우 일그러진 로버트 드니로의 몰골이 아니다.

성령은 자유한 분이다

어린아이 마음 갖고 계신

하나님이시라

나에게 참 자유가 있다

성령께선 나와 함께 길 걸어간다

어제는 하나님께서

날 웃게 만드시는데

난 하루종일 즐거웠으며

내 안에 계신 하나님 사랑한다

'성령'이라니, '참 자유'라니…. 분명 재완이가 쓴 시인데 낯설기조차 하다. 그동안 재완이는 시에 '성령', '하나님' 이런 단어를 거의 쓰지 않았다. 하나님께서 웃게 하셔서 하루 종일 웃었다는 것은 당황스러울 정도였다.

"언제부터 이런 시들이 나왔니?"

"언제긴 언제야, 담배를 확 끊어버리고 나서지…."

그러고 보니 정말 기적처럼 담배를 끊고서 재완이가 무척 달라졌다. 달라진 정도가 아니라 거의 혁명 같은 변화가 일어났다. 거칠고 욕설이 난무하던 언어들도 다듬어지고 예고 없이 후배들을 후려치던 손도 새색시처럼 얌전하다.

"와아! 재완이가 정말 성령을 받았나보구나?"
"그렇지 성령님이 내게 오셨지!!"

하나님께서 나에게
따뜻하고 꽃 피는 봄날을
주셨나이다
감사합니다 하나님

정말 이것은 백 년 동안의 겨울 끝에 온 봄과 같았다.

진정으로 하나님을 향한 감사함이 단순한 글에서 전이轉移되는 것이다. 외롭고, 아프고, 어둡던 그 풍경들이 갑자기 향기로운 기쁨과 감사로 채워져 있다.

"그날은 정말 무서워서 도망갔는데 기도를 받고 나니까 정말 담배가 싹 끊어져버리더라구…."

나도 며칠 동안 정신없는 시간을 보내느라 재완이의 변화를 깊이 살피지 못했다. 성령님을 알게 되고부터 너무나 많은 일들이 벌어졌다. 상상하지 못한 기적이었다.

담배를 끊게 해달라고 같이 손을 잡고 기도한 일주일 후쯤이었다. 봉천동의 여명학교에서 작은 성령집회가 열렸다. 그곳은 탈북자들을 위한 대안학교로 믿음의 동지들과 월요 기도모임을 하던 장소이다.

지하철에서 맨발로 전도한 광인狂人같은 최춘선 할아버지의 영상으로 나는 한순간에 교회에 알려지게 되었다. 나조차 예상하지 못한 일이었다. 그동안 일반 방송에서 많은 작업을 했지만 교회에 내 영상을 나누는 일이 있을 것이라고는 생각도 하지 못했다. 《가난한 자는 복이 있나니》와 팔복의 두 번째 시리즈인 《애통하는 자는 복이 있나니》 등으로 나는 많은 친구들도 얻었다. 그리고 그들과 부흥과 통일을 위한 다양한 기도모임을 하게 되었다.

그날은 특별히 당시 알게 된 치유 사역자이자 대학교수인 손기철 장로님(HTM 대표, 온누리교회 장로)을 모시고 집회를 열었다. 나와 같이 지성적인 신앙을 살던 동지들이 '하나님나라'와 '성령세례'에 대한 장로님의 메시지에 매우 크게 반응하는 것을 느꼈다. 그동안 '성령'이라는 단어를 은사주의에 치우친 이들의 전유물로 알던 이들이 새로운 지경으로 들어가게 되었다. 메시지를 마친 장로님이 성령세례와 치유를 위한 기도를 해주는 시간을 가졌다.

예전의 부흥회나 집회와는 달리 조용하면서도 차분하게 기도를 하는데도 여기저기서 사람들이 쓰러지기 시작했다. 그것에 매우 당혹해 하는 시선들이 느껴졌다. 내가 처음 장로님을 만났을 때에도 그런 느낌이었다. 어떤 이는 쓰러져 울고, 어떤 이는 질병이 치유되어 감격하고 있었다. 손을 흔들며 노래하고 춤을 추는 이들도 있었다.

몇몇은 당황한 모습으로 낯선 풍경을 지켜보고 있었다. 나는 그때 '성령'이란 주제로 다큐멘터리를 만들고 있었으므로 그런 풍경들을 카메라에 담았다. 이 주제는 내 작업 사상 가장 파격적인 것이었다. 나는 그동안 가장 낮고 남루한 풍경들만 찾아내서 그 속에 깃든 그리스도의 풍경을 담아내는 작업을 해왔다. 그것이 방송이든, 개인적인 작업이든. 그런데 갑자기 성령이라니, 나조차도 아직은 익숙하지가 않았다.

"형, 재완이 형이 도망가요."

막내 세준이가 뒤에서 촬영을 하며 서 있던 내게 말했다. 입구 쪽으로 가보니 재완이가 정말 계단을 황급히 내려가고 있었다. 평소엔 발이 불편해 계단에서는 항상 손을 잡아주어야 하는데 무언가 두려움을 느꼈는지 혼자서 휘청거리며 가고 있었다.

"정재완, 너 어디가? 어딜 혼자 도망가는 거야?"

나는 급히 내려가 목덜미를 확 낚아챘다.

"아니, 그냥… 무서워서… 무서워."

"뭐가 무서워? 너도 기도 받아야지. 이건 솔직히 너를 위한 집회야. 저 장로님의 집회에 갔었는데 불치병이 낫는 것을 봤어."

나는 강하게 그 팔을 잡아 위로 끌고 갔다.

"알았어. 기도 받을게."

재완이가 다시 내게 끌려 집회 장소로 올라왔다.

"오빠, 어디가? 기도 받아야지. 혹시 알아? 그 몸이 나을지."

뒤에서 섬기던 여명학교 조명숙 교감이 애교 섞인 콧소리로 장난스레 말했다.

"그래. 알았어. 기도 받을게. 알았어…."

그러면서도 무언가 두려움이 가득한 표정이다.

거칠고 자신만만하던 예전의 모습은 보이지 않는다. 재완이가 굳은 얼굴로 내 손을 잡고 다시 기도를 받는 대열에 섰다. 거친 손이 떨림 속에 더욱 나를 강하게 잡았다. 나도 그 손을 꼭 잡아주었다. 내 말에 항상 순응하는 재완이가 고마웠다.

여기저기서 기도를 받은 이들이 쓰러져 있거나 울고 있었다. 예전 같으면 나 자신이 먼저 이런 장면들을 무척 꺼렸을 것이다. 나는 '은사'나 '성령', 심지어 '예배', '열방'이란 말조차 꺼리는 특이한 종자였다.

자신이 꺼리는 사마리아의 풍경, 지극히 작은 자 하나의 허기와 목마름을 채우는 삶이 없는 예배와 열방이 얼마나 허위虛僞인가. 나의 관심은 오직 '익명匿名의 그리스도'였다. 빈 들의 마른풀같이 시들은 영혼들과 상한 갈대와 꺼져가는 등불들을 세워주고 회복시키는 하나님에만 천착하던 내가 이 기이한 성령집회를 주최한 것이다.

나는 성령집회 같은 것을 거의 알지 못했다. 성령에 대해 눈을 뜨는 충격적인 변화가 있긴 했지만, 그런 것을 추구하는 이도 아니었다. 다만 재완이나 다른 누군가가 원하지 않은 삶의 아픔과 굴레를 벗고 치유의 희열을 누릴 수 있기를 바라는 마음으로 마련한 것이다. 나처럼 성령님을 만나서 새로운 지평이 열렸으면 했다.

"재완아, 성령님께서 너를 만져주실 거야. 도망가면 안 돼."

나는 도망을 못 가게 뒤에서 끌어안다시피 한 채 말했다.

"알았어. 기도 받을게…."

재완이가 끌어안은 내 손을 다시 꼭 잡았다. 전에 평양 과기대 후원의 밤에서 내 허리를 잡고 있던 처연한 떨림이 전해왔다.

'무엇이 재완이를 두렵게 한 것일까? 정말 담배 귀신이 두려움을 주는 것일까?'

드디어 재완이가 기도를 받을 차례가 되었다. 손 장로님이 재완이를 보더니 측은한 표정으로 기도를 시작했다.

"성령님, 이 시간 이 형제에게 임하셔서
굳어진 몸을 치유하여 주옵소서."

"성령님, 이 시간 이 형제에게 임하셔서 굳어진 몸을 치유하여 주옵소서."

일반적인 성령집회와는 달리 매우 나직하고 고요하기까지 한 기도였다. 그런데 갑자기 재완이가 바닥에 우당탕 소리를 내며 쓰러졌다. 나는 뒤에서 촬영을 하다가 놀라서 그리로 다가갔다. 장로님이 딱딱하게 굳은 재완이의 가슴과 발목을 잡으며 기도했다.

"성령님, 임하셔서 이 형제를 묶고 있는 어둠의 영과 결박들을 끊어주옵소서. 내가 나사렛 예수님의 이름으로 명하노니 흑암의 묶임들은 떠나갈지어다!"

"으아아악… 아아악…."

순간, 재완이가 괴성을 지르기 시작했다. 그 장면을 촬영하던 나는 갑작스런 비명에 어찌할 바를 몰랐다.

'주님께서 재완이를 만지시나보다….'

그렇게 생각하면서 재완이의 얼굴을 카메라로 클로즈업했다.

재완이는 계속 소리를 지르며 온몸을 뒤틀고 있었다. 그런 재완이의 뒤틀림과 고통스러운 얼굴은 처음이었다.

어디선가 키보드 반주 사이로 하모니카 소리가 들리기 시작했다. 둘러보니 언제 왔는지 창희 형이 하모니카를 불고 있었다. 베레모에 검은 선글라스까지 쓰고 구석에 주저앉아 재완이의 절규를 따라 찬송가를 부르는 정경은 기이하고 아름다웠다.

나는 그 모습에서 팬(pan, 렌즈를 좌우 수평으로 이동하며 촬영하는 기법)하여 재완이를 다시 찍었다.

"아아악! 아아…."

재완이가 온몸을 뒤틀며 여전히 비명을 지른다. 그때 나의 온몸도 덩달아 흔들리며 재완이의 고통과 상처가 전이되는 듯했다.

'재완이가 저렇게 아파했구나. 늘 함께 어울려서 그 속내의 고통을 알지 못했구나.'

그런 생각을 하는 내 안에서도 갑자기 누군가, 어떤 절규 같은 것을 터뜨리며 용암 같은 눈물이 솟구치기 시작했다.

'재완아, 그토록 큰 상처와 뒤틀림을 품고 살아왔구나. 그렇게 거칠고 강한 척하던 내 친구 재완이가 이렇게 아파하는구나.'

더 촬영을 할 수 없을 정도의 강렬한 울음이 터져나왔다. 결국 카메라를 후배에게 맡기고 구석으로 가서 그대로 주저앉아 한없이 울었다. 나는 서러워도, 아파도 이를 악물고 참아내는 축이다. 몇몇 후배들이 우는 나를 보고 덩달아 우는 것이 보였다.

그래도 멈추어지지 않는 울음이었다. 문득 이 예기치 않은 울음은 언젠가 경험한 것과 흡사하다는 생각이 들었다. 이 모든 일들을 가능하게 만든 그날의 숙명적인 사건이 떠올랐다.

16

'주님, 오늘도 당신의 손과 발이 되게 해주세요. 당신이 만지고 싶은 영혼들을 제 손을 통해서 만지시며 함께 있고 싶으신 그 풍경들 속에 제 발을 통해서 걸어가소서.'

십 년 가까이 이 아이 같은 작은 기도를 주님께 드렸다.

다큐멘터리 촬영을 하면서도 나의 간구는 항상 그것이었다. 다른 기도는 깊이 하지 못해도 늘 그것만은 주문처럼 외우고 다녔다. 재완이와 어울리고 다큐멘터리 한 편을 마치면 지하철의 노숙자 친구들, 맨발로 전도를 하는 미치광이 같은 노인을 찾아다녔다. 주님을 흉내내고 싶어서, 사무치는 그리움처럼 그런 풍경 속을 홀로 떠돌곤 하였다.

사실, 나는 교회의 안정적인 분위기나 '성령', '부흥', '열방' 같은 용어들과 거리가 먼 혼자만의 궤도를 도는 떠돌이 유성流星이었다. 그런데 내가 어떻게 성령집회를 주최하는 사람으로 변화된 것인가?

일 년 전의 그 사건, 그 눈물이 이 모든 일의 연원이었다. 그때도 이런 뜨거운, 복받치는 눈물이 터져 나왔다. 그 눈물샘이 터지던 그날 이후부터 나는 변한 것이다.

'주님, 내 안에 이 형용하지 못할 답답함과 막힘의 이유는 무엇인

가요? 너무 힘들어서 견딜 수가 없습니다.'

봄기운이 막 산야를 연둣빛으로 덮어가던 날이었다. 그날도 예수님의 손과 발이 되게 해달라는 간구를 하고 길을 나섰다. 그런데 기도를 하고부터 이상한 기운이 나를 옥죄고 힘들게 하였다. 어떤 서글픔 같기도 하고 바위 같은 것에 짓눌려 숨이 조여 오는 아주 독특한 기분이었다.

나는 방배동 '버드나무' 사무실을 얼마 앞두고 더 견디지 못해서 급히 길가에 드리운 숲속으로 들어갔다. 포수에게 쫓기는 노루처럼 날랜 걸음으로 그 답답함을 터뜨릴 공간을 찾은 것이다.

'이 견딜 수 없는 답답함과 통증의 원인은 무엇인가요? 주님, 저를 도와주세요.'

나는 등산로를 슬쩍 빗겨난 작은 계곡에 숨어들어 주님께 호소하였다. 마치 그 순간을 영원부터 기다리고 있었던 것처럼 눈물이 쏟아졌다. 그것은 전혀 예기치 않은 거대한 용암이었다. 나는 음부의 구덩이를 통과하던 그 시절들에도 거의 울지 않았다. 가끔 '오 나의 자비로운 주여'를 부르던 그 어둠 속에서만 몰래 울었을 뿐이다.

"지우야, 아빠가 고등학교 시절 사진을 보면 얼굴이 달걀처럼 타원형인데 하도 서러운 시절을 이를 악물고 참아서 턱 근육이 발달

해서 이렇게 네모가 됐단다."

딸아이가 유치원에서 아빠를 그려왔는데 얼굴이 사각형이었다. 서러움이 뭔지도 모르는 아이에게 농담처럼 말했지만 사실이었다. 그 누구도 손을 잡아주지 않았으므로 나는 이를 악물고 홀로 참아야 했다. 울지 않으려고 애쓰고 꾹꾹 눌러 그 삐져나오는 물기들을 다시 집어넣어야 했다.

서러움이 복받칠 때면 사마리아로 가시던 주님의 풍경을 생각했다. 그때 주님이 바라보시던 그 하늘을 떠올렸다. 연한 푸르름과 분홍빛의 서러움을 머금은 하늘빛…. 물론 나는 그 하늘빛을 알지 못한다. 그러나 항상 그것을 상상하고 이기려 했다. 왜 그랬는지는 나도 모른다. 그토록 울지 않던 내가 스스로 의도하지 않은 뜨거운 눈물을 솟구쳐내고 있었다.

'주님… 누가 내 안에서 이렇게 우는 것인가요? 이것은 제가 우는 것이 아닙니다.'

그렇게 다시 묻는 순간, 내 생을 바꿀 숙명적인 그 말이 저절로 터지고 말았다.

"성령님, 죄송합니다. 성령님, 용서해주세요. 제가 성령님을 알지 못합니다. 성령님 저를 용서해주세요."

이것은 또 무언가? 생각지도 않은 눈물보다도 이 이상한 말이 나를 더 당혹하게 하였다. 나는 그때까지도 '성령'이란 용어를 열광주의나 치우친 은사주의의 전유물로 치부하였다. 그러던 내가 성령님을 부르고 그분을 알지 못하는 것에 용서를 구하고 있었다. 내 입에서 그런 말이 저절로 마구 쏟아져 나왔다.

'주님, 이건 또 무엇인가요? 제가 왜 의도하지 않은 이런 말들을 내뱉고 있는 것인가요?'

이젠 정신조차 아득하고 가늠하기 어려웠다. 갑자기 전혀 엉뚱한 우주의 공간 속에 홀로 버려진 느낌이었다. 그때, 음성이 들려왔다.

'우현아, 네가 아직도 나의 손과 발이 되기를 원하느냐? 진정으로 나의 제자가 되기를 꿈꾸고 있느냐?'

설명하지 않아도 저절로 알 수 있는 음성이었다. 항상 주님의 음성을 들었다고 하는 이들이 의아하기도 하고 궁금하였다.

'저들은 어떻게 그 음성을 듣는가?'

성령에 대하여 꽉 닫아놓고 있으면서도 그것은 아주 궁금하였다. 그런데 내가 그 음성을 듣고 있는 것이다. 분명 꿈이 아니었다. 귀가 아닌 심령에 소리가 들리는 듯하였다. 너무나 선명하고 뚜렷한 소리였다.

'주님, 제가 진정으로 그것을 원하고 원합니다. 제가 얼마나 주님의 제자가, 손과 발이 되고 싶어 하는지 주님이 아십니다.'

나는 진정으로 제자가 되기를 원하느냐는 물음에 베드로처럼 당돌하게 말하고 말았다. 그러나 그것은 사실이었다. 날마다, 거의 빠짐없이 그 간구를 어디서나 흩뿌렸기 때문이다. 간구만 한 것이 아니라, 주님의 풍경 속에 거하고 싶어서 이루 말할 수 없는 시간들을, 길들을 떠돌았다. 재완이만 아니라 그런 여정에서 만난 맨발로 전도하는 최춘선이란 노인을 만나고 싶어서 대여섯 시간을 지하철을 찾아 헤맨 적도 여러 번이다.

'주님, 그 할아버지를 만나게 해주세요. 국밥 한 그릇 대접하고 싶습니다.'

'지극히 작은 자 하나를 먹이고 마시게 하고 돌아보는 것이 곧 주님께 한 것'(마 25:40)이라는 말씀을 붙들고 그렇게 기도했다. 설날에 맨발의 노인에게 따스한 국밥 한 그릇을 사드리고 싶어서 몇 시간 동안 지하철을 헤매고 다녔다. 무슨 대단한 사명감이나 사랑으로가 아니라 그저 말씀에 순종한 것이다.

누가 그런 이상한 짓을 한단 말인가?

내가 생각해도 나란 놈은 참 문제적 인간이었다. 어릴 적 집에서 내쫓겨 수십 년 노숙자로 사는 잠실역의 하늘이 형과 두한이, 석현이 형 같은 이들과 얼마나 헤매고 돌아다녔는지 모른다. 하늘이 형의 고향 집을 찾아주려고 떠돈 눈길과 논두렁…. 주민등록조차 없는 석현이 형의 태생을 밝히려고 백령도까지 찾아가 갈매기처럼 울었던 시간들…. 결국 아무것도 찾지 못한 그 형은 절망하여 연안부두에서 자살하였다. 그를 묻으며, 하늘이 형의 하모니카를 들으며 나는 한동안 아무런 촬영도 하지 못했다.

그렇게 청춘을 소진하듯 들개처럼 떠돈 이유가 다 그리스도의 풍경을 흉내내고 싶어서였다. 베다니의 문둥이 집에서 식사를 하시는 그 풍경, 나는 그토록 그리스도의 손과 발이 되기를 집착했다.

'우현아, 나는 너의 그 갈망과 열심을 잘 알고 있다. 그러나 네가 진정으로 꿈꾸는 나의 풍경에 거하고 내 손과 발이 되는 것은 너의 힘이나 감각만으로는 도달할 수 없다. 그것은 오직 성령의 능력으로 이루어지는 삶이다. 보혜사 성령님이 너를 그리로 인도하시는 분이다. 그러나 너는 성령님의 능력과 그분의 역사를 알지 못한다. 그 무지를 지금 너의 영혼이 아파하고 우는 것이다.'

주님께서 말씀하셨다. 이것은 단 한 번도 상상하지 않은 말씀이었다. 내가 진정으로 꿈꾸는 삶을 성령님이 인도하신다니! 그 성령님을 알지 못하는 나의 무지를 내 영혼이 아파하며 이런 엄청난 울음을 울다니! 나의 영靈이 있다는 것조차 의식하지 못하고 살아왔던 것이다.

여호와 삼마

성령님은 진정으로 '해방의 영'이며 '자유의 영'이시다.
내가 구하던 예수님의 풍경에 진정으로 들어가게 해주시는 분이 성령님이다.
세상 끝날까지 함께하신다는 '예수님의 영'이 바로 '성령님'이시다.

17

오랜만에 광화문에 나갔더니 재완이가 말했다.

"우현아, 너 얼굴빛이 좀 달라졌다. 그동안 무슨 일이 있었냐? 있으면 이 형님에게도 알려줘야지."

"얼굴빛이 달라 보이냐? 거리에서 수십 년 떠돌더니 아주 도사가 되었구나. 무슨 일이 있긴 있지. 아주 엄청난…."

그것은 내 생에서 가장 큰 사건 중 하나였다.

나는 우면산에서의 체험을 누구에게도 알리지 못했다. 그동안의 내 추구와는 너무나 다른, 생경한 체험이었기 때문이다. 버드나무의 후배들도 이런 영역과는 거리가 먼 아이들이었다. 그런데 갑자기 이 사건을 어떻게 설명한다는 말인가.

나는 이 사건을 정리해야 한다는 마음을 먹었다.

성령님에 대하여 무슨 도움이라도 얻을까 하여 작업실과 집의 책장을 살폈지만, 그런 주제의 것은 단 하나도 없었다. 그만큼 성령님과 담을 쌓고 살았던 것이다.

그래서 광화문에 있는 기독교 서점에라도 가서 자료를 찾으러 나왔는데 재완이가 눈치를 챘다.

"그럼 내가 도사지. 내 눈치가 백 단이다. 이 형님에게 툭 털어놔 봐라."

"형님? 네놈이 언제부터 형님이냐? 장가도 안 간 놈이…. 그래, 니가 이런 것에 대해 답을 줄 수는 없을 테지만…."

농담을 던지면서도 누구와도 나누지 못한 그날의 이야기를 재완이에게 말했다.

"뭐? 성령을 체험했다고? 와! 그럼 부흥사가 되는 거냐? 그럼 성령의 능력으로 내 몸 좀 치료해주라."

나는 알밤부터 한 대 세게 주었다.

"이놈아, 부흥사는 무슨 얼어 죽을 부흥사야!! 난 아직 성령님에 대해서 밤톨만큼도 알지 못해. 그래서 알아보려고 서점에 온 거야."

그날 우면산 숲속에서 나는 세 시간가량을 어떤 기운에 사로잡혀 있었다. 울고, 웃고 둥둥 울리는 영혼의 북소리를 들었다.

'우현아, 진정으로 나의 손과 발이 되려면 성령님을 알아야 한다. 나의 제자들도 그 능력으로 그것이 가능했다. 너는 성령님을 알아야 하고, 그분의 손에 이끌려야 한다. 나도 그분을 통해서 네가 꿈꾸는 그런 삶을 살았단다.'

예수님도 성령님을 통해서 그 하늘의 풍경을 걸으셨다는 말은 가히 충격이었다. 그런 것은 단 한 번도 생각해보지 않았다. 지금 생각하면 너무나 당연한 말씀이다. 성경이 수없이 그것을 증거하고 있다. 이 땅에 하늘의 풍경과 사랑을 침투시킨 주님의 역사는 성령님의 능력을 통해서였다. 그러나 나는 그것을 깊이 알지 못했다. 성령에 대하여 왜곡된 수건에 가려져 있으니 그 말씀들이 '의문'(儀文, 문자)에 불과했다.

많은 이들이 성령의 능력이나 은사를 추구하는 것을 보았다. 그러나 그것이 예수님의 공생애, 그 삶을 본받기 위해서라고 말하는 이는 만나지 못했다. 이것은 복음서와 사도행전 도처에 기록된 주님의 말씀들이었다.

예수님은 성령으로 세례를 받으심으로 공생애를 시작하셨고, 성령의 충만함으로 하나님나라의 복음과 그 능력들을 이 땅에 구현하셨다.

그러나 나는 성령님 없이 그리스도의 풍경에 도달하고자 했다. 그래서 가고 갈수록 내 안의 허기와 허위에 허덕인 것이다.

무지無知, 성령님을 알지 못하는 그 어리석음을 지친 내 영혼이 아파한 것이다. 나는 주님이 말씀하시는 것이 무엇인지 지식으로는 알고 있었다.

주의 성령이 내게 임하셨으니 이는 가난한 자에게 복음을 전하게 하시려고 내게 기름을 부으시고 나를 보내사 포로된 자에게 자유를, 눈 먼 자에게 다시 보게 함을 전파하며 눌린 자를 자유롭게 하고 주의 은혜의 해를 전파하게 하려 하심이라 하였더라 눅 4:18,19

하나님이 나사렛 예수에게 성령과 능력을 기름 붓듯 하셨으매 그가 두루 다니시며 선한 일을 행하시고 마귀에게 눌린 모든 사람을 고치셨으니 이는 하나님이 함께 하셨음이라 행 10:38

후에 나는 이런 말씀들을 발견하고 무척 놀랐다. 그전에 수없이 읽었던 것인데도 처음 읽는 것처럼 새롭게 다가왔다. 내가 닮고자 했던 예수님의 삶은 오직 성령님의 기름부음으로 이루어진 것이었다. 그러나 나는 '기름부음'의 정체를 알지 못했다. 성령님을 은사나 치우친 어떤 열광주의로 이해한 내게 신선한 충격이었다.

특히 베드로가 기가 막히게 요약한 예수님의 생이 깊은 울림으로 번졌다.

두루 다니시며 선한 일을 행하시고 마귀에게 눌린 모든 사람을 고치셨으니 이는 하나님이 함께 하셨음이라

'이것이 바로 여호와 삼마의 본질이구나' 하는 깨달음을 얻었다. 그것은 성령과 능력이 기름부음으로 나타나는 본질, '임마누엘'이다. 나의 영혼은 너무나 부끄러웠다. 듣기는 들어도 깨닫지 못하고 보기는 보아도 알지 못하는 무지한 유대인의 꼴이었다(행 28:26). 내가 손가락질하고 비판한 모든 것이 나를 향한 것이었다. 그날은 정신이 하나도 없었다.

게다가 그토록 사모하던 예수님의 음성을 들은 것이다. 이건 정말 경험해본 자만이 안다. 동시에 성령님이 임하셔서 나의 영과 몸이 견디지 못하고 전기에 감전된 듯이 떨고 휘청거리기조차 하였다. 내가 거리를 두고 약간은 경멸하기까지 하던 '성령파', '열광주의자'가 되어 있던 것이다.

"걱정하지 마. 주님께서 잘 가르쳐주실 거야! 어떤 방법으로든. 걱정할 것 없어."

재완이가 제법 진지하게 듣더니 삐죽 치고 들어온다. 이래서 이 밑바닥이 나는 참 좋다. 나 같으면 '성령체험'이니 무슨 음성을 들었다느니 하면 일단 경계부터 했을 것이다. 그리고 온갖 경험과 판단의 머리를 굴렸을 것이다.

그런데 밑도 끝도 없이 걱정하지 말라고 응원을 한다. 무슨 말이든 터뜨려 나눌 수 있고 판단하지 않는다. 편을 가르고 경험과 구조로 재지 않고 하이에나처럼 다 소화시키는 내공이 재완이에게 있다.

"정말 가르쳐주실까?"

"그럼, 우리 주님이시니까! 아무것도 염려하지 말고 기도만 해."

생각이나 하고 하는 말인지 알 수 없으나 이 직설直說이 기분 좋았다. 그것은 큰 위로의 울림이 되어 내 가슴에 번져왔다. 상투적인 대답이 아닌, 나를 위해 진정으로 하는 말이었기 때문이다.

하나님은
에스겔에게
하늘 문을 여시고
하나님 얼굴
보여주셨다

재완이가 나를 격려하기 위해서 시를 하나 후다닥 썼다. 의외로 빠르게 쓴 그 시가 다시 가슴에 맺힌다.

"하나님의 영에 이끌린 에스겔처럼 성령님을 깨달으란 말이지?"

"그렇지. 메마른 해골에 생기가 가득 차도록…."

참 멘트 한번 즉물적卽物的이고 적나라하다. 계산하지 않는 단순한 응원에 뻐근해진 가슴으로 깊은 심호흡을 하였다.

"야, 서점에 같이 가줄까? 장사도 안 되는데…."

"너 이 녀석 표정을 보니 또 찍어놓은 서점 아가씨가 있구나? 그렇지?"

"하이고… 들켰네. 깍깍깍."

웬일로 진지해졌나 했더니 또 이 모양이다. 남은 성령님에 대해 진지한 고민을 하는데 이 녀석은 여자 타령이다. 하긴, 포장하고 각색한 외투보다 이게 더 솔직하고 진지한 것인지도 모른다. 여자를 좋아하고, 결혼을 하고 싶은 것은 하나님이 주신 당연한 욕구다. 에덴의 원초적 본능이다.

"정재완 님은 사업에 전념하시고, 전 잠시 서점에 다녀오겠습니다. 충성!"

나는 헌병처럼 거수경례를 하고 서점으로 향했다.

18

너는 범사에 그를 인정하라 그리하면 네 길을 지도하시리라 잠 3:6

이 한 구절은 어릴 적부터 내 심비心碑에 깊이 새겨져 있었다.

어릴 적 외운 이 말씀을 비망록처럼 소중히 품고 있었다. 문득 떠올라 그저 길을 인도해달라고 기도하였다. 정말 재완이의 시처럼 하나님의 얼굴을 보고 싶다는 생각이 들었다. 그러고 보면 참 대단한 갈망이다. 하나님의 얼굴이 보고 싶다니….

언젠가 창희 형이 서울대 옆 관악산 계곡에서 연락이 왔다. 자전거로 거기까지 왔는데 다리가 아파서 걷지 못하니 와달라는 것이다.

"내가 봉이냐? 뻑 하면 부르게…."

궁시렁거리면서도 나는 결국 그리로 가고 말았다. 이 밑바닥은, 거친 들은 흡인력吸引力이 엄청나다. 그래서 주님도 늘 그 풍경에 거하셨나보다. 언젠가 나는 양동근이 주연한 〈네 멋대로 해라〉라는 드라마에 심취한 적 있다. 아내는 "지우 아빠가 그렇게 드라마에 집중한 것은 그때가 처음이다"라고 아직도 말한다.

나는 왜 그 드라마에 빠졌을까?

이유는 한 가지다. '밑바닥'의 상처와 눈물, 그리고 깊은 애정과 사랑을 담고 있었던 것이다. 내 영혼이 그 풍경을 뜨겁게 열망하는 것을 느꼈다.

'예수님도 이 바닥이, 거친 들이 재미있고 좋아서 가신 것이다.'

드라마를 보며 그런 엉뚱한 생각을 했었다.

후에 나는 어느 집회에서 양동근을 만났다. 그는 내 작품《가난한 자는 복이 있나니》를 보고 거리에서 최춘선 할아버지처럼 전도하는 연극을 했다고 했다. 나는 그 친구에게 부흥사가 되라는 엉뚱한 말을 했던 기억이 난다. 그나 나나 밑바닥에 끌린 것이다. 그래서 나도 재완이나 창희 형이 부르면 달려간다. 그런데 형은 어렵게 찾아간 나를 무시한 채 계곡 물가에서 하모니카만 불어댔다. 찬송가만 거의 한 시간 동안 불러 재꼈다.

    내 영혼이 은총 입어 중한 죄 짐 벗고 보니
    슬픔 많은 이 세상도 천국으로 화하도다
    할렐루야 찬양하세 내 모든 죄 사함 받고
    주 예수와 동행하니 그 어디나 하늘나라

요즘은 잘 부르지 않는 찬송가를 따라 흥얼거리며 가만히 그 풍경을 찍는데, 이상하게 가슴이 아리고 저미었다.
"형, 그렇게 찬송가만 부르면 지치지 않아? 왜 그것만 불러?"
나는 다른 곡을 불러달라고 말했다.
"응, 하나님이 보고 싶어서… 하나님이 너무 그립다."
동문서답인 것 같은데도 코가 짠해졌다.
집에 와서도 그 장면을 찍은 것을 몇 번이고 돌려봤다.

'하나님이 보고 싶다니…'

난 단 한 번도, 감히 생각해보지 않은 갈망이다.

그저 어린아이 같은 심성을 가진 형이라고만 생각했는데 매우 크게 느껴졌다. 그런데 재완이도 "하나님의 얼굴을 보고 싶다"라고 썼다. 진정 그 얼굴을, 그 마음을 알고자 하는 이들은 드물다. 문득, 나도 아버지의 얼굴이 너무나 보고 싶어졌다. 성령님을 만난다는 것은 '아버지의 얼굴을 보는 것이 아닐까' 하는 생각이 들었다. 그러나 나는 아직 성령님에 대하여도 무지한 부끄러운 영혼이었다.

'주님, 제게 소개하고 싶으신 책을 보여주세요. 제가 구하기 전에 알아야 것을 가장 잘 아시니 성령님에 대하여 가르쳐주세요.'

그렇게 구하고 서점을 살피기 시작했다. 생각해보니 신앙서적을 안 읽은 지도 무척이나 오래되었다. 그동안 거의 영화에 대한 것, 역사, 진보적인 신학 서적들만 읽은 것이다. 나름 무언가 추구하였으나 메말라 있었다. 내가 미처 알지 못하는 무수하고 현란한 책들이 서점을 가득 채우고 있었다.

'으아… 이건 내가 가장 꺼리던 이미지들이다.'

한구석의 '성령'이란 주제의 코너에 갔더니 온통 붉은 색 표지들에 불과 비둘기가 현란하게 날아다니고 있었다. '부흥', '교회 성장', '은사', '치유체험' 같은 제목과 용어들을 보자 갑자기 열렸던 마음에 거대한 빗장이 걸리는 듯하다. 그러나 나는 뒤로 물러서지 않았다.

'주님, 제게 소개하시기를 원하시는 책을 보여주세요.'

나직이 구하며 그 틈에서 무언가를 찾으려 하였다. 차 한 잔이 식을 정도의 시간이 흘렀을까? 한구석에서 눈에 띄지도 않을 만한 아주 작은 책자 하나를 발견했다.

'토레이의 성령론이라… 토레이라면 예수원 대천덕 신부님의 이름인데 그 분이 쓴 것인가?'

나는 무심히 책을 꺼내 들었다. 그런데 그것은 대천덕 신부님이 쓴 것이 아니고, 그의 할아버지인 토레이 박사 R. A. Torrey가 쓴 《성령론》이란 책이었다. 내용을 대강 살피니 토레이 박사가 1900년대 초, 영국, 인도, 호주 등 전 세계를 방문해서 성령에 대하여 설교했던 것을 모은 책이었다. 설교집이었기 때문에 내용이 무척이나 단순해 보여 잠시 망설였다. 그러나 성령님에 대하여 어떤 기초나 분별력도 갖추지 못했던 나이기에 토레이 박사라면 안심할 만하다는 생각이 들었다.

한동안 '지극히 작은 자 하나'라는 코드에 천착할 때에 예수원에 촬영을 간 적이 있다. '세상에서 가장 지극히 작은 자를 소개해주세요'라고 구했는데, 어느 날 대천덕 신부님의 낙태에 대한 글을 읽게 되었다. 작디작은 태아의 생명이 무수히 짓밟히고 죽임을 당하는 죄로 이 민족이 고통과 심판을 당할지도 모른다는 내용이었다. 그 글은 나를 충격으로 사로잡았다.

'가장 지극히 작은 자가 바로 태아구나.'

나는 응답으로 알고 눈이 펑펑 오는 겨울에 강원도 태백의 예수원을 찾아갔다. 낙태에 대한 영상을 만들겠다고 하자 신부님은 너무나 귀하다고 하시며 축복기도까지 해주셨다. 그 예수원이 바로 '성령세례'의 본산이었다. 그러나 성령에 둔감하고 무감한 나는 그런 사실을 전혀 알지 못했다.

대천덕 신부님은 매우 지성적이고 시대와 역사, 하나님나라에 대한 명확한 의식을 가지셨지만, 모든 것에서 성령님의 역사를 구하는 분이었다. 사실 진정으로 성령님을 안다는 것은 매우 지성적인 것이고, 시대를 향한 명확한 의식을 갖는 것이다. 본질적인 하나님의 나라와 그 의를 구하게 해주시는 것이다.

> 오직 나는 여호와의 영으로 말미암아 능력과 정의와 용기로 충만해져서 야곱의 허물과 이스라엘의 죄를 그들에게 보이리라 미 3:8

후에 이런 말씀들을 읽으며 내가 성령님을 얼마나 오해했는지 절절히 깨달았다. 성령님은 진정으로 '해방의 영'이며 '자유의 영'이시다. 그것을 위한 하늘의 전략과 재능과 능력을 주시는 분이다. 내가 구하던 예수님의 풍경에 진정으로 들어가게 해주시는 분이 성령님이다. 세상 끝날까지 함께하신다는 '예수님의 영'이 바로 '성령님'이시다.

대천덕 신부님은 누구보다 성령세례와 인격적인 성령님을 강조하신 분이다. 그것은 할아버지인 토레이 박사의 영향이다. 그리고 그는 유명한 전도자 D. L. 무디 박사의 제자였다. 무디 또한 성령세례를 엄청나게 강조하는 분이었다. 무디는 구두 수선공 출신이고, 토레이는 독일에서 신학을 전공한 박사다.

토레이는 빈민가에서 예수님처럼 소외되고 고통당하는 가난한 자들을 향해 사역하다가 지치고 절망하였다. 그는 자신의 힘과 능력, 지혜로는 할 수 없음을 깨달았다. 그때, 무디로부터 성령세례를 받고 이전과 다른 능력과 충만함을 경험했다.

19

"야, 뭐 좀 건졌냐?"

재완이가 캔 커피를 마시다가 나를 보자 소리쳤다. 나는 대답 대신 가방에서 토레이 박사의 책을 꺼내 보여주었다.

"이게 너에게 영감을 줄 거야. 내가 기도했거든."

나를 위해 기도했다는 재완이의 말에 기분이 좋았다.

"그럼 이 책이 네 기도의 응답이겠네."

"그렇지. 응답이지이… 거기에 니가 찾는 비밀이 담겨 있을 거다."

나를 위해 기도했으니 주께서 반드시 응답하셨을 것이라 그저 믿는 것이다. 책 내용도 보지 않고 말하는 담대함은 어디서 나오는 걸까?

"성령에 대한 비밀을 깨달으면 내게도 알려주게나, 친구."

재완이가 그 사이에 나를 위해 썼다는 시를 보여주며 사극 배우처럼 말했다.

여호와의 즐거움이
우리에게 임하셔서
해골 같은 나의 얼굴을
장미꽃처럼 피게 하소서

거칠보이의 시답게 즉물적이다. 그래도 세상의 그 어떤 시보다 영혼을 건드린다. 나는 해골 모양을 한 재완이 얼굴 위에 핀 장미꽃을 상상하며 웃었다.

"성령님을 만나면… 하늘의 능력을 받아서 내 몸도 고쳐주시고, 세상의 아프고 약한 사람들을 일으켜주시게나. 친구…."

또 그 말을 한다. 나는 대답 대신에 손을 흔들고 그 자리를 떴다. 역시 손을 흔드는 재완이가 낡은 외투에 묻은 고독의 내음처럼 쓸쓸해 보인다.

'정말 성령님을 통해서 재완이의 굳고 뒤틀린 몸이 회복될 수 있다면….'

비록 먼 데 있는 남의 이야기 같지만 그런 생각을 뒤로 하고 집으로 향했다.

'이건 나에게 하는 메시지이다. 주님께서 이 책을 소개한 것이 분명하다.'

돌아오는 길, 나는 버스 안에서 책을 읽었다. 그런데 몇 장을 넘기기도 전에 토레이의 메시지가 나를 강타했다.

성부이신 하나님과 성자이신 예수님을 알면서도 성령이신 하나님을 모른다면 진정한 기독교 신앙을 확실히 갖지 못한 사람이며 신자로서 충분한 체험을 얻지 못한 사람이다.

성령은 인격자이며 신격자시고, 또한 실재하시는 분인데 그것을 모르고 다만 비인격적인 감화력이라든지 어떤 능력에 지나지 않는다고 생각한다면 (이렇게 생각하는 사람이 많다) 우리가 마땅히 성령님께 드려야 할 예배와 사랑과 믿음과 순종을 성령에게서 약탈하는 것과 같다.

_R. A. 토레이, 《성령론》

나는 무엇을 들킨 양 화들짝 놀라 책을 급히 덮었다. 모두 나를 향해 질타하는 것들이었다. 나는 아직도 성령님을 어떤 은사, 능력, 영향력이나 감화력 정도로 밖에는 생각하지 못하고 있었던 것이다. 갑자기 불방망이질 치는 가슴을 진정하며 다시 조심스레 책을 열었다.

나는 여기서 한 가지 묻고 싶다.
"당신은 성령님께 예배를 드리는가?"
"성령님의 사랑에 감사를 드린 적이 있는가?"
성령님을 능력이나 감화력으로 생각한다면 어떻게 하면 내게로 끌어들여서 더 많이 그 능력을 얻을까, 이용할까 생각할 것이다. 그러나 성령님을 인격적인 하나님으로 생각하면, 어찌하면 좀 더 성령님께 사로잡힐 수 있을까, 그분의 종이 되어 순종할까 하는 마음이 간절해질 것이다.

_R. A. 토레이, 《성령론》

'성령님의 사랑을 감사하다니, 그분을 인격적으로 예배하다니!'

한 번도 그런 생각을 해본 적이 없다. 성령님은 능력이고, 은사고, 예수 그리스도를 온전히 믿게 하는 역사이다. 그런데 성령님을 사랑하고, 감사하고, 경배해야 한다고 이 저명한 신학자가 말하고 있는 것이다. 그것은 생소하지만 매우 강렬하게 다가왔다.

그리고 토레이의 말이 명확히 옳다고 생각되었다.

성령님을 하나님으로, '인격적인 분'으로 이해하지 못했기 때문에 그분에 대한 곡해와 부정적인 이해, 불순종이 내 안에 있었던 것이다. 성령님은 삼위일체 하나님 중 한 분이시다. 그런데도 나만 아니라 주변에 대부분의 사람들이 성령님을 경배하고, 그 사랑에 감사하는 것을 본 적이 없다.

그분께 온전히 순종하는 것에 집중하지 않는다. 오직 은사나 체험, 능력으로서 자신의 유익과 사역을 위한 필요로서 그분을 요청하고 있는 것이다. 치우친 은사주의만이 아니라 그것을 비판하는 자들 또한 성령님을 무시하고 있는 것이다.

'주님께서 내게 이 책을 보여주시는 것이다. 내 기도를 들으시고 이 책을 보게 하신 것이다.'

순간, 재완이의 웃는 얼굴이 떠올랐다.

'이게 너에게 영감을 줄 거야. 내가 기도했거든.'

주님께서 우리의 기도를 들으시고 이 책을 내 손에 쥐게 하신 것이다. 서점에서 본 액자의 그림처럼 빙그레 웃으시는 주님의 모습이 스쳐간다.

'힘내라, 우현아. 이것이 너에게 비밀을 알려줄 거야.'

그렇게 다정히 말씀하시는 것 같았다.

그날 밤, 기도는 더욱 간절하였다. 나는 성령님을 인격적으로 바라보지 않았음을 뼛속 깊이 회개했다. 내 안의 불순물을 고백하고 더욱 순종하도록 능력을 달라고 구했다. 그러나 아직도 성령님에 대하여서 살깊은 인격적인 교제는 열리지 못했다.

기도를 서둘러 마치고 불을 켠 후, 성경을 펼쳤다. 성경에서 성령님에 대하여 찾아 봐야겠다는 생각이 들었기 때문이다. 그렇게 성령님을 배워가기 시작했다.

결국 재완이도 성령님의 능력으로 담배를 끊게 되었다.

"집회할 때는 너무나 무서워서 도망을 갔는데 손기철 장로님의 기도를 받을 때 가슴에 불이 들어온 것처럼 뜨겁더라구."

"그래서 그렇게 비명을 질렀니?"

"나도 모르게 소리가 질러졌어. 온몸이 뒤틀리고 불에 타는 것 같고… 가만히 있을 수가 없더라구."

재완이의 말에 다시 그 장면들이 생각났다. 그때 왜 그렇게 눈물이 쏟아졌는지 모르겠다. 사람들 앞에서는 거의 울어본 적이 없는 내가 재완이의 그 비명에 견딜 수 없는 뜨거운 물을 쏟아낸 것이다.

"그때 담배가 끊어졌니?"

"그후에 담배를 피려는데 갑자기 이상한 기분이 드는 거야. 담배를 입에 물었는데 먹히지가 않아."

"기도 받았을 때 담배가 끊어졌구나?"

"그렇지. 계속 피려고 시도해도 먹어지지가 않고 이상했지. 그 다음엔 입에 물어도 혐오감만 들더라구. 그래서 팍 뱉어버렸지."

이 사건은 내게 엄청난 자극을 주었다. 성령님의 역사에 대해서 매우 새로운 전기를 열어준 것이다. 지식으로만 겨우 알아가던 성령님의 능력을 실제로 경험하며 새로운 지평으로 나가게 한 촉매제가 되었다. 누군가는 담배 하나 끊은 것 가지고 호들갑이냐 할 수도 있다. 그러나 '니코틴 정' 재완이의 담배는 사람의 힘으로 끊기가 어려운 것이었다.

"정말 성령님의 능력이 대단하구나! 네놈이 담배에 혐오감을 다 느낄 정도로…."

"그렇지! 대단하지. 정말 대단해서. 그런데 넌 손기철 장로님을 어떻게 만났니?"

갑자기 재완이가 성령님에 대한 대화를 싹 잘라 엉뚱한 질문을 했다. 그러고 보니 어떻게 장로님을 만나서 이런 집회를 했는지 나도 궁금했다.

성령님과 함께 춤을

이제부터 너의 별명은 '성령님과 춤을'이다.
앞으로 주님처럼 그렇게 성령님과 함께 춤추고, 시 쓰고, 착한 일을 해라.
여호와 삼마가 무언지 세상에 보여주어라.

20

서점에서 책을 산 그날 밤, 성령님에 대하여 더욱 알게 해달라고 구했다. 그때 전혀 예상하지 않은 말씀이 어둠의 심연 저 멀리서 다가오는 것을 느꼈다. 나는 급히 불을 켜서 이리저리 그 구절을 찾았다.

성령이 곧 예수를 광야로 몰아내신지라 막 1:12

숨이 멎을 듯한 정적 속에 그 구절을 쏘아보았다.
'성령님께서 예수님을 광야로 몰아내시다니….'
이것은 참으로 예상하지 못한 발견이었다.
"성령님을 구하는 이유는 진정으로 주님처럼 광야에 가기 위함이다."
나는 무슨 독트린을 선언하듯 혼자 비장하게 말했다. 그리고 다른 복음서에 나오는 동일한 구절들을 살펴보았다.

예수께서 성령의 충만함을 입어 요단 강에서 돌아오사 광야에서 사십
일 동안 성령에게 이끌리시며 눅 4:1

성령의 충만함으로 광야로 가시고 광야에서도 성령에 이끌리셨
다. 성령님은 우리를 '광야'로 이끄시는 분이다. 그것은 참으로 놀
라운 비밀이다.

'성령님, 저도 주님처럼 광야로 데려가주세요.'

나는 즉시 기도하였다.

오랫동안 광야에 천착穿鑿했다고 생각했다. 그러나 성령의 충만
함과 이끄심이 없이는 진정한 광야에 도달할 수가 없다. 다시 복음
서를 깊이 살펴보니 예수님은 광야에서 마귀에게 시험을 받으면서
오직 '하나님의 입에서 나온 말씀'으로만 사셨다. 그리고 그 어떤
영광, 사람들의 인기, 어려운 상황 가운데서도 아버지만을 경배하
셨다. 그 본질을 획득하게 해주시려고 성령님은 광야로 내모신다.
그러므로 광야는, 거친 들은 축복이다.

'성령님, 진정한 광야로 인도해주세요. 저를 더욱더 그리로 내
몰아주세요. 주님처럼 아버지의 얼굴만을 구하는 경지로 이끌어주
세요.'

다시 활화산 같은 갈망이 내 영으로부터 터져 나왔다.

얼마 후, 신실하신 하늘 아버지로부터 그 간구의 응답이 왔다.

"오빠, 손기철 장로님이라고 알아?"

몇 주 후에 뜬금없이 아내가 물었다. 처음 듣는 이름이었다.

"치유 사역하시는 분인데… 지우 피아노 선생님이 소개했거든."

"치유집회엔 웬일로? 그런 데는 안 갔잖아?"

"응, 내가 지우 친구 수경이의 아토피를 걱정하니까 그 선생님이 소개했어. 대학교수님이고, 말씀도 아주 좋대. 데리고 가볼까 말까?"

그전 같으면 치유집회라는 것을 그다지 반기지 않았다. 그러나 성령님에 대해 눈을 뜨고 나자 그 말이 귀에 확 들어왔다. 매일 성령님에 대하여 알게 해달라고 구하고 있던 중이라 이게 응답이 아닐까 하는 생각도 들었다.

"가봐. 아토피 때문에 그렇게 고생하는데 기도를 통해서 나을 수도 있으니까. 그리고 장로님이 어떤 분인지 갔다 와서 알려줘."

문득 우면산에서 들었던 주님의 음성이 생각났다.

'너는 성령님의 역사, 그분을 통해서 일어난 부흥의 진정성과 본질을 다큐멘터리로 만드는 작업을 해라. 그것이 너를 부른 이유 중 하나다.'

나는 성령님에 대한 지식과 능력의 본질을 여전히 알지 못했지만 명령에 순종하여 '부흥'에 대한 영상을 만들려고 준비 중이었다. 그래서 방송 일을 할 때처럼 그런 소재를 열어달라고 매일 기도하고 있었다.

집회에 간 아내는 늦은 밤에야 집으로 돌아왔다.

"사람이 너무 많았고, 수경이가 기도를 받도록 동생을 내가 돌봐야 하는데 두 시간 넘게 지우와 그 아이를 돌보느라 너무 힘들었어."

"그래, 무척 고생했구나…. 기도를 받은 결과는 어때?"

"아직은 잘 모르지. 일단 기도를 받았으니 기다려봐야지. 그런데 그 장로님은 대단하던데, 매우 지적이시고…"

'매우 지적이다'라는 말에 끌리는 나를 느꼈다.

목회자나 사역자가 아니고 나 같은 평신도라는 것도 신선했다. 성령님에 대한 작업을 하고자 이리저리 인터넷이며, 자료들을 찾아보았으나 선뜻 다가가기엔 대부분 부담이 있었다. 그 부분에 대한 경험과 지식이 없었고 분별력조차 가지지 못한 것이다. 그런데 대학교수이고 지성적인 분이라면 일단 찾아가봐야겠다는 마음이 들었다.

치유집회는 처음이라 혼자 가기엔 약간 부담이 있어서 버드나무 아이들을 데리고 함께 갔다. 그렇게 찾아간 온누리교회 지하 예배실은 이미 수백 명의 사람들로 가득 차 있었다. 오랫동안 신앙생활을 했으나 이것은 매우 특이한 분위기였다. 이런 모임이 있다는 것이 낯설었다. 약간은 떨리기도 했지만 다큐멘터리를 하면서 온갖 다양한 분위기의 현장을 다녀본 경험이 있어 적응할 만했다.

일단 구석에 앉아서 메시지를 듣는데 역시 공감이 되고 무엇보다 논리적이고 지성적인 메시지에 끌렸다. 특히 하나님나라의 복음과 예수님의 치유 사역을 연결시키는 것은 내게 무척 자극이 되었다.

"내가 하나님의 성령을 힘입어 귀신을 쫓아내는 것이면 하나님의 나라가 이미 너희에게 임하였다(마 12:28)라고 주님께서 말씀하셨습니다. 우리는 흔히 하나님나라를 말하고, 그것을 위해 살겠다고 하면서도 이 말씀을 무시하고 있습니다. 성령님의 권능을 통한 치유와 축사는 하나님나라와 통치를 이 땅에 나타내는 가장 중요한 것입니다."

장로님은 아주 차분하면서도 명징하게 메시지를 전했다. '주님께서 은사나 치우친 체험, 현상에 예민한 나를 위해서 이런 분을 붙이셨나?' 하는 생각마저 들었다. 마태복음의 그 말씀은 내게 강한 자극을 주었다. 수없이 마태복음을 읽었지만 그 구절은 처음 대하는 것처럼 느껴졌다. 솔직히 성령님에 대한 구절들은 대부분 생소하기만 했다.

나 또한 하나님나라와 그 의義, 주님의 손과 발이 되기를 갈망해왔다. 그런데 '그 나라'가 '성령님의 능력'으로 '귀신을 쫓아내고 병을 고치는 것'과 연관이 있다니···.

나는 그 나라를, 주님의 도구가 되기를 간절히 구했으나, '치유와 축사逐邪'는 아주 싫어하였다. 머리로는 이해가 되나 아직 그런 것이 익숙하지가 않고 편안하게 받는 체질이 형성되지 않았던 때였다. 내 안에서 정리되지 않은 약간의 혼란들이 엄습해 있었다. 메시지가 끝나고 기도를 받는 시간이었다.

"먼저⋯ 기도 받을 분들은 앞으로 나오세요. 성령님의 능력 없이는 하나님의 나라를 결코 이룰 수가 없습니다."

장로님의 말에 갑자기 사람들이 우르르 앞으로 쏟아져 나갔다. 기도를 받은 사람들이 하나 둘 쓰러지고, 소리를 지르고, 울고 웃는 일이 벌어졌다. 참으로 오랜 만에 입에 침이 마르는 긴장이 느껴졌다. 나는 조용히 카메라를 켜고 몰래 카메라처럼 그 장면들을 촬영했다. 성령님과 부흥에 대한 작업을 하려면 어떤 것이든 일단 촬영을 해두어야 했다.

어렸을 적에 수많은 부흥회를 보고 기도원에도 가봤지만 사람들이 쓰러지는 것은 처음 보는 광경이었다. 게다가 손 장로님은 그때까지 보아온 부흥사에 비해 너무나 젠틀하고 조용하게 기도를 해주고 있었다. 그런데도 사람들은 쓰러지고 몸을 격하게 흔들며 울부

짖기도 하였다.

'나도 저 기도를 받아봐야 한다. 저것이 정말 성령님의 능력으로 하는 것인지 검증해야 한다.'

솔직히 다큐멘터리를 위해서 접근했다. 동생들에게 촬영을 부탁하고 맨 끝부분에 섰다. 내 차례가 되자 더욱 긴장이 엄습했다. 바로 옆에서 한 중년의 여자 분이 비명을 지르며 쓰러져 뒹굴기 시작했다. 나를 알 리 없는 장로님이 매우 차분하게 머리에 손을 부드럽게 얹고 기도를 시작했다.

"성령님, 이 아들에게 임하시고 기름 부어주옵소서."

처음엔 아무런 느낌이나 변화를 감지할 수 없었다. 모두가 쓰러지는데 나 혼자서 꿈쩍 않고 서 있을 것만 같았다. '예의로라도 쓰러져야 하나' 하고 생각하고 있는데, 마치 새의 깃털처럼 몸이 가벼워지더니 스르르 뒤로 넘어져버렸다. 누군가 뒤에서 나를 잡고 다시 바닥에 천천히 뉘었다. 몸과 마음이 가벼워졌다는 것 외에 다른 아무런 느낌이 없었다.

"컴패션! 컴패션! 주님, 이 아들에게 컴패션의 기름부음을 부으소서! 이미 주신 그것이 더욱 넘치도록 부으소서."

갑자기 장로님이 쓰러진 내 가슴에 손을 대고 외치셨다.

그 순간, 아무런 미동조차 없던 내 영혼이 흔들리기 시작했다. 그리고 심연 깊은 곳에서부터 거대한 무엇이 다시 솟아나려는 조짐을 느꼈다. 가슴이 뜨거워지고 부르르 떨리기까지 하였다. 그러나 나는 특유의 강한 자제력으로 그것을 막았다.

'나는 이곳에 촬영을 하러 왔다. 절제해야 한다. 흔들리면 안 된다. 절제해야 한다.'

속으로 그렇게 외치고 자리에서 일어났다. 나만 아니라 동행한 후배들도 내가 넘어지자 약간 당황한 모양이었다.

'컴패션(Compassion, 연민, 긍휼)의 기름부음이라니…'

장로님은 나를 알지도 못하는데 마치 예언을 하듯 기도하였다.

그것은 쓰러진 현상보다 더 강한 전율을 느끼게 했다. 예수님의 '긍휼과 연민'은 내가 가장 갈망하던 것이었기 때문이다. 나는 후에야 장로님이 주님의 음성을 듣고 그렇게 기도하셨음을 알았다.

누가 주의 마음을 알아서 주를 가르치겠느냐 그러나 우리가 그리스도의 마음을 가졌느니라 고전 2:16

나는 이 말씀을 무척 사랑하였다. 그리스도의 마음을 가졌다고 하는 바울의 확신이 너무 부러웠다. 나는 다른 어떤 것보다도, 주님의 마음을 소유하고 싶었다. 내가 성경에서 발견한 그리스도의 마음은 '잃어버린 자', 세상의 가장 남루하고 보잘것없는 '지극히 작은 자 하나'를 향한 깊은 애정과 연민이다. 아주 어렸을 때부터 나는 그 마음이 스민 풍경에 무척 가고 싶어 했던 것이다.

나는 그리스도의 '손과 발'이 되는 것과 그 '마음'을 갖게 해달라고 수없이 기도했다. 그런데 나를 잘 알지 못하는 분이 내게 그것이 부어지기를 기도한 것이다.

"그렇게 해서 장로님하고 만나게 됐구나. 집회도 하게 되고."
"그렇지. 그 기도가 아니었다면 나도 처음엔 그런 집회가 너무 부담이 컸으니 어떻게 됐을지도 모르고."
재완이와 얘기하면서 장로님을 만난 것을 다시 생각하게 되었다.
"그런데 그 분을 만난 것도 지극히 작은 자 하나를 통해서네."
"그게 무슨 말이냐?"
"니 부인 지연이가 아프고 힘든 지우 친구를 도와주려고 고생을 하며 섬김으로 그 분과 연결된 거잖아. 지극히 작은 한 사람을 돕는 것으로 주님이 연결하신 거지."
듣고 보니 일리가 있는 말이었다. 가끔 재완이는 이런 말들을 불쑥 해서 나를 감동시킨다.
"근데 너 인마, 형수님한테 지연이가 뭐야!"

나는 다시 알밤을 하나 세게 주었다. 그러나 재완이의 말이 가슴에 묵직하게 들어앉았다. 그후에 더욱 성령님을 깊이 알고 주님의 손과 발이 되어가는 과정에서 이것은 하늘 문을 여는 본질이 되었다. '좁은 문', '지극히 작은 자 하나'가 항상 주님의 통로가 되었다.

나중에 나는 손기철 장로님과 교제를 하게 되었다. 그 분을 돕는 사역팀 가운데 내 책《가난한 자는 복이 있나니》와 영상을 본 이들이 많았다.

"저는 김 피디님을 몰랐는데 우리 스텝들이 유명한 분이라고 해서 알게 되었습니다."

인사를 하자 장로님이 말씀하셨다.

"유명하기는요. 장로님이 더 귀하시지요. 제가 성령님에 대해서 너무나 모르니 앞으로 많이 배우겠습니다. 언제 저희 기도모임에 오셔서 말씀을 나눠주세요."

그렇게 하여 나는 주변 친구들을 모아서 장로님과 작은 집회들을 열었다. 여전히 쓰러지고 하는 현상들이 내게 부담이 되었지만 그 교제를 통하여 나 같은 부류들이 성령님을 만나고 체험하는 귀한 열매들이 맺혔다. 그리고 재완이처럼 그 삶의 굴레와 결박을 풀어내는 강력한 하나님나라를 경험하는 이들이 많이 생겨났다.

재완이는 담배를 끊었을 뿐 아니라 그의 시와 삶에 큰 변화가 나타났다.

복 있다 난 참 복 있다
하나님이 복을 주시고
창조주의 피로
내가 복을 받는다

하늘 높이 누가 올라가서
영광의 왕을 그 영을
이 땅에 모셔와
같이 동행할 수 있나

어제 새벽에
날 깨우셨다
성령께서 날 사랑하시고
잠자는 나의
영 깨우신다

다른 누구, 무엇보다도 재완이의 변화는 내게 성령님의 역사를 실제적으로 알게 하는 표본標本이었다. '니코틴 정'이 이젠 '성령 시인'으로 변모하였다.

1990년대 중반 나는 재완이와 가끔 충무로의 극장에서 영화를 봤다. 가장 기억에 남는 것은 〈쉰들러 리스트〉, 〈늑대와 춤을〉 같은 영화다. 〈쉰들러 리스트〉는 한글이 익숙하지 않았던 재완이도 큰 감동에 젖게 하였다.

"야, 우리도 저렇게 힘든 사람들 돕는 일을 하자. 그런 영화를 만들자."

영화를 보고 나서 재완이가 말했다. 그후에 재완이는 크루드 난민이며, 북한과 이라크 아이들을 돕는 것에 관심을 키운 것 같다. 나는 〈늑대와 춤을〉이라는 영화를 가장 좋아했다. 변방의, 국경선에 홀로 버려진 주인공은 외로움 속에서 다가온 야생 늑대와 친해진다. 결국 그 둘은 서로 친구가 되어 뒤엉키며 논다. 그것을 지켜본 수우족 인디언들이 후에 주인공의 이름을 '늑대와 춤을'이라고 붙여준 것이다.

가끔 재완이와 뒷골목을 떠돌고 시퍼런 농담을 지껄이면서 '늑대와 춤을'을 생각했다. 그 야생의 본능에 어울려 놀다보면 어느새 어느 국경선에 선 듯 울울하였다.

"창희 형은 '하모니카 창희'나 '들장미 할매'라고 이름을 지으면 어떨까?"

언젠가 셋이 모여 놀다가 그 영화가 생각나서 말했다. 그랬더니 형은 너무 좋다며 며칠 후에 '하모니카 창희'라는 명함까지 만들어 가지고 왔다.

"그럼, 나는?"

재완이가 멋진 이름을 기대하며 은근히 물었다.

"넌… 딱 어울리는 이름이 있지."

"그게 뭐냐?"

"자매와 사랑을…."

"와! 딱이다. 진짜 어울린다."

창희 형이 좋아라 하며 외치고 하모니카로 〈축하합니다〉란 곡을 붕붕 불어댔다.

"이 할매가… 그래, 나는 여자 없으면 죽는다. 그런 너는 뭐냐?"

"난 오래 전부터 별명이 있지. '변방의 우짖는 새'…."

"에이 씨, 자기만 멋있는 거 하고 나도 다른 멋진 이름 붙여줘."

나는 생각나면 멋진 이름을 붙여주겠다고 해놓고 약속을 못 지켰다. 그런데 갑자기 재완이의 시를 보며, 그의 변화를 보며 별명이 떠올랐다.

"재완아, 이제부터 너의 별명은 '성령님과 춤을'이다. 앞으로 주님처럼 그렇게 성령님과 함께 춤추고, 시 쓰고, 착한 일을 해라. 여호와 삼마가 무언지 세상에 보여주어라."

"야! 기가 막히다. 그래 나는 성령님과 춤을 추는 시인이 될 거다!!"

그런데 이것이 마치 예언처럼 성취되었다. 정말 재완이는 성령님과 함께 기가 막힌 춤을 추는 시인이 된 것이다.

베들레헴의 코드

탄광에서 일하던 아이에게 성령님이 임하셨구나!
지극히 작은 자들이 성령을 받아 부흥의 씨앗이 되었구나.
그래서 베들레헴 코드구나.

21

"야, 한 백 억만 빌려주라."

한동안 촬영을 하느라 외국을 돌다가 오랫만에 재완이를 찾았는데 녀석이 뜬금없이 말했다.

"이 녀석이 백 억이 누구네 개 이름이냐? 그걸로 뭘하려고?"

"뉴스를 보니까 쿠르드 난민이 더 많이 생겼대. 이라크도 전쟁으로 아이들 학교도 부서지고."

아주 심각한 표정으로 낡고 붉은 조끼 안에서 지갑을 꺼낸다.

한 천 년은 더 됐을 법한 낡은 지갑 안에서 로또 복권 몇 장을 꺼낸다.

"이거 샀는데… 주님께서 맞게 해주실까?"

"성령님의 능력으로 담배까지 끊은 놈이 로또는 왜 사?"

알밤을 한 대 주려고 손을 들자 슬쩍 피하며 딴소리다.

"장사가 안 되서 정말 큰일이다. 이제 곧 장마가 온단다."

서쪽으로 넘어가는

해가 왜 그렇게

덧없이 보이냐

시 노트를 뒤지니 최근에 보기 드문 예전 스타일의 시가 있었다. 앞으로 넘겨 담배를 끊고 성령님을 만나던 때의 시를 찾아보았다.

하얀 나라 까만 나라 부수고

빛의 나라 오셨네

찬양하세 찬양하세

사망 권세 이기시고

음부에 들어가셔서

그 나라 모두 부수고 오신

예수 그리스도 말씀에 복종하리라

빛의 나라는 아름다운 나라

빛 동산에 놀러 가리라

영원한 빛 되신 하나님 빛 속에

나는 함께 있고 싶네

"야! 장사는 안 되지만 시들은 굉장한데! 그전과 다르게 빛의 동산에서 놀고 있는 꼬마 재완이가 보여."

"담배는 기적처럼 끊어졌는데 시가 안 써져. 시도 같이 툭 끊어졌나봐."

"아니야. 전의 밑바닥 시들도 좋았지만 이젠 새로운 시를 써야지. 이런 시들도 아주 좋아. 용기를 가지고 계속 써라."

"정말 좋냐? 괜찮아?"

"그럼! 더 기도하고 노력하여 성시聖詩를 쓰도록 하시오. 존 던이 쓴 것과 같은…."

"알겠소. 친구, 던이 형님처럼 멋진 시를 쓸 때까지 계속 가도록 하지."

우리는 함께 웃으며 거리에서 파는 토스트와 캔 커피로 간단한 점심을 했다. 장사가 안 되서 힘들다는 재완이의 탄식이 하늘에 들렸는지 몇 사람이 와서 액자와 부채를 사주었다. 어떤 외국인 여인은 재완이의 시를 읽고 "원더풀"을 연발했다. 그리고 시들을 번역해 핀란드에 소개하고 싶다고도 했다. 핀란드와 재완이 시는 왠지 어울릴 것 같았다.

나는 조금 떨어져서 그 풍경들을 촬영했다. 재완이가 기뻐 어쩔 줄 모르는 표정이 화면 가득 잡힌다. 그냥 지켜보기만 해도 마음이

편해지고 그리운 황토 언덕 위에 선 듯하다.

"이게 로또보다 더 좋다야! 내 시를 핀란드에 소개하다니…. 거긴 눈이 많다는데 가보고 싶다야."

"이러다가 한국보다 외국에서 더 유명해지는 것 아니냐?"

"유명한 건 바라지 않고 이 시로 가난한 아이들 도와주었으면 좋겠다."

황토빛 언덕 위에 뭉게구름 하나 둥실 떠 있고 느티나무 한 그루 서 있다. 창희 형은 하모니카를 처연히 불고, 재완이는 쭈그리고 앉아 시를 쓴다. 가득한 기쁨으로 지저귀며 날고 있는 새 한 마리, 바람이 살랑 불고 꽃들은 흔들린다. 이것이 내가 꿈꾸는 우리 영화의 이미지다.

그러나 아직 우리들의 영화는 완성되지 않았다.

나는 다시 예기치 않은 새로운 테마로 들어가버렸다. '부흥의 여정'이라는 작업으로 한동안 꼼짝을 못했다.

"어이… 탐정, 그동안 촬영하며 깨달은 거 토해내봐."

재완이가 다가와서 말했다.

"토하긴 뭘 토해…. 먹은 것도 없는데."

그러고 보니 생각나는 것이 있었다. 영국에 촬영을 가기 전, 재완이가 찾아왔다.

"유명한 건 바라지 않고
 이 시로 가난한 아이들 도와주었으면 좋겠다."

"이거 촬영하는데 보태 써. 그리고 성령님에 대한 감추어진 비밀 단서들을 찾아 가지고 와."

십만 원이 든 봉투를 내게 던지면서 말했다. 의미 있는 일이라면 거리에서 힘겹게 번 돈을 쉽게 내놓은 적이 한두 번이 아니다. 액수를 떠나서 쉬운 일이 아니다. 진정으로 성령을 받은 자의 삶을 나는 재완이에게서 자주 발견한다. 물질이 있는 곳에 반드시 그 마음도 깃든다. 담배를 끊고 나서 헌금을 내놓는 일이 더 많아졌다. 담배를 안 피니 돈 쓸 일이 거의 없다는 것이다.

"내가 무슨 탐정이냐? 감추인 비밀 단서를 찾게."

"그러엄… 탐정이지. 탐정이고 말고. 예수님의 본질과 진리를 찾아내는 천국의 탐정."

매일 담배를 피우고, 욕설을 달고 살던 재완이의 입에서 그런 멋진 말이 나올 줄 몰랐다. 《가난한 자는 복이 있나니》가 나누어지는 것에 가장 놀라고 흥분한 것도 재완이었다.

"야! 우리 영화도 이렇게 되면 좋겠다. 이게 진짜 영화구나!"

삼십여 분밖에 안 되는 작은 영상이지만 파급 효과는 마치 모든 바람을 불러들이는 큰 돛대처럼 엄청났다. 무수한 사람들이 변화를 간증했고, 수십 번을 봤다는 이들도 있었다. 몇 년이 지난 지금까지도 그 영향력은 여전하다.

언젠가 중국의 '난저우'蘭州 땅 오지에서 사역하는 선교사님이 찾아왔다. 너무나 탈진하여 절망하고 있었는데, 이 영상을 보고 더 깊은 오지로 헌신하여 갔다는 것이다.

이것은 진정 오병이어의 역사였다. 《가난한 자는 복이 있나니》는 내가 성령세례를 받은 후에 처음 만든 작품이었다. 성령님이 연출해주신 것이다. 과연 성령님을 안다는 것이 무언인가를 이 오병이어의 기적을 통해 깊이 깨달았다.

그의 위에 여호와의 영 곧 지혜와 총명의 영이요 모략과 재능의 영이요 지식과 여호와를 경외하는 영이 강림하시리니 사 11:2

성령님은 예수님에게 임하셨듯이 놀라운 하늘의 창조와 지혜, 재능의 영으로 우리에게 임하신다. 세상의 모든 지각知覺을 뛰어넘는 감각을 주시는 것이다.

"재완아, 우리가 만들려는 영화가 자꾸 늦어져서 어떻게 하지. 영국만 아니라 미국, 인도… 가야 할 곳이 많은데…."

"서두를 것 없어. 이번에 가서 너는 하늘의 비밀 단서만 찾으면 돼. 우리 영화의 제작자는 하나님이시니까 가장 좋은 때에 이루어 주실 거야."

촬영을 떠나기 전 재완이의 헌금과 이 응원이 얼마나 힘이 되었는지 모른다.

"이 녀석, 정말 성령님이 임하셔서 입술을 화저火箸로 지져주셨구나. 아이구! 이 귀여운 녀석. 어떻게 그런 이쁜 말들을 내뱉냐? 그 입으로…."

내가 끌어안고 뽀뽀를 하려고 하자 몸서리를 친다.

"안 돼, 난 여배우하고만 할 거야. 빨리 여배우 구해와."

22

"내가 발견한 부흥의 본질은 '베들레헴의 코드'라는 거야."

"베들레헴의 코드가 뭐냐?"

20세기 초에 영국에서 일어난 대부흥의 현장을 찾아갔다.

가는 내내 오직 성령님께 인도함을 구하고 부흥의 본질을 가르쳐 달라고 구했다. 그런 가운데 전혀 예상하지 못한 자료들과 사람들을 만나게 되었다. 은빛으로 빛나는 모래 위의 발자국을 따라가듯이 그것들은 내 영혼을 은밀한 빛처럼 잠식해갔다.

1904년 웨일즈에서 일어난 대부흥은 그때 처음 시작된 것이 아니었다. 전부터 그것을 위해 아름다운 작은 역사들이 예비되고 있었다.

1904년 1, 2월은 큰 복음 사역이 버밍햄, 브리스톨, 래드포드, 카디프 등에서 있었다. 거기서 수많은 회심자들이 나타났고 성령의 역사가 있었다.

_맥클렌, 〈토레이 박사의 생애〉

이 한 구절이 내게 큰 단서가 되었다.

나는 이 사역에 대하여 갑자기 궁금해져서 자료들을 더 찾아보았다. 그러다 놀라운 것을 발견하게 되었다. 대부흥을 위한 예비적 사역의 씨를 뿌린 사람이 다름 아닌 토레이 박사였다. 그는 1900년 초, 영국 전역을 돌면서 무디가 강조한 성령세례를 전하였고 많은 이들이 변화되었다. 영국의 여러 도시와 시골, 웨일즈 부근의 교회들도 토레이의 메시지로 인해 성령의 불이 붙기 시작한 것이다.

"그럼, 당시의 부흥과 지금 우리가 연결되어 있는 거네. 너도 토레이의 책을 읽고 성령님을 깊이 깨달았잖아. 내가 기도로 도왔고, 나도 변화되었고…."

은근히 공치사를 하는 것 같아 보였지만, 재완이의 말은 놀라운 통찰력을 가진 것이었다.

"재완아, 너 지금 기가 막힌 말을 한 거 아니? 그게 바로 내가 추적한 부흥의 본질을 간파한 말이야."

나는 약간 흥분해서 말했다. 당시의 대부흥을 연구하고 정리한

저다인이란 선교사는 〈Korea Mission Field〉란 잡지에 다음과 같은 글을 기고했다.

> 작금 전세계에서 동시에 일어나는 이 부흥은 '동일한 영적인 신경센터 common spiritual nerve center'를 가지고 있는 듯하다.
> _〈Korea Mission Field〉 1905.4.

당시에는 영국만 아니라, 미국, 인도, 한국, 중국, 일본 등에서 동시에 이 성령의 역사가 표출되어 세상을 흔들었다. 그것은 동일한 신경센터, 즉 동일한 성령의 지휘와 역사가 들어 있다는 것이다. 성령님의 역사는 참으로 절묘하고 측량 못할 경지이다. 이 신경조직을 따라서 한쪽에서 나타난 하늘의 놀라운 능력은 인류 전체에게 놀라운 흥분과 반응을 일으키고 있다는 것이다.

문득 다시 존 던의 시가 생각났다.

> 그 누구도 온전한 섬으로 존재할 수 없나니
> 모든 개인은 대륙의 한 조각이며
> 전체를 이루는 일부이다

"그 당시의 부흥과 지금 우리가 동일한 영적 신경망으로 연결될 수가 있겠구나. 머리이신 그리스도의 몸과 지체로서 말이야."

"그렇지, 그것을 연결하시는 분은 성령님이시고…."

"캬아! 오늘 너 왜 이리 멋진 말을 하냐? 우린 왜 이렇게 멋진 놈들이냐!"

우리는 서로 껴안고 아이처럼 쿵쿵 뛰었다.

지나는 이들이 힐끗 보며 웃었다. 그 부흥이 한국 땅 광야의 들짐승 같은 우리에게도 전이된 것이다. 우리는 성령님을 만나 부흥을 경험하고 있었다.

"그런데 베들레헴의 코드는 뭐냐? 니가 발견했다는…."

"아참, 그걸 말하려고 했던 거지. 토레이 박사가 부흥 이전에 씨를 뿌린 것과 또 다른 형태의 작은 부흥들이 그것을 예비하고 있었음을 발견했지."

나는 웨일즈 지역의 신학자들과 역사가들을 찾아가 인터뷰를 했다. 그리고 당시의 부흥을 기록한 책들을 구해 꼼꼼히 읽었다. 그런 가운데 흔히 알고 있는 이반 로버츠 같은 부흥의 주인공들 외에 전혀 예상하지 않은 씨앗들이 있었음을 발견했다.

1904년 2월, 한 수줍음 많은 소녀가 "내 온 마음을 다해 예수 그리스도를 사랑합니다"라고 울면서 기도했을 때, 하나님의 축복이 남 웨일즈의 작은 마을 뉴키에 임했다.

_제시펜 루이스, 〈The Awakening in Wales〉

이 소녀의 이름은 플로리 에번스였다.

웨일즈의 시골 마을에서 토레이 박사 등 다양한 영향으로 성령의 역사가 나타나기 시작했다. 그런 가운데 한 시골 교회 목회자가 청년 집회에서 말씀을 전하고 기도회를 가졌다.

"여러분에게 임한 성령의 역사를 간증할 사람이 있습니까?"

그때 플로리 에번스라는 부끄러움을 많이 타는 소녀가 강한 임재 가운데서, "내 온 마음과 뜻을 다해 주 예수 그리스도를 사랑합니다"라고 고백했다.

그것은 너무나 단순한 고백이었다. 그런데 그 순간 그곳에 성령의 불이 임하셨다. 그 불이 주변을 고요히 태우기 시작하여 봄날의 들불처럼 번져간 것이다.

"야, 그럼 부흥이란 온 마음을 다해 예수님을 사랑하는 것이냐?"

재완이가 갑자기 끼어들었다.

새삼스럽게 그 말이 강하게 다가왔다.

언젠가 대구에서 청년 집회를 앞두고 부흥의 본질을 깨닫게 해 달라고 구한 적이 있다. 그때 강하게 내 입에서 이런 말이 터져 나왔다.

"부흥은 예수 그리스도입니다. 내 안에 내가 사는 것이 아니라 나를 사랑하사 나를 위해 자기 몸을 버리신 우리 주님이 가득 차는 것, 그분이 사시는 그것이 진정한 부흥입니다."

그때 집회 장소에 성령이 임하셨다. 그리고 강한 회개의 영이 임해서 그리스도 외에 다른 부흥과 열망을 가졌던 것을 회개하기 시작했다.

100년 전 웨일즈에서도 동일한 신경계가 작동했던 것이다. 순전하게 주님을 사랑하는 에번스와 자매들에게서 시작된 부흥은 시골 마을을 불태우며 주변으로 번져갔다. 결국 이 작은 부흥이 탄광에서 일하며 하나님나라를 구해온 소년 이반 로버츠와 연결되어 폭발한 것이다.

"와아… 탄광에서 일하던 아이에게 성령님이 임하셨구나! 지극히 작은 자들이 성령을 받아 부흥의 씨앗이 되었구나. 그래서 베들레헴 코드구나."

갑자기 재완이가 너무나 똑똑해진 느낌이었다.

그전에는 무슨 말을 해도 쉽게 이해하지 못했고 신앙적인 것이나 진지한 것은 한참을 설명해야 했다. 게다가 딴소리만 해서 알밤을 얻어맞기가 일쑤였다.

> 그들이 베드로와 요한이 담대하게 말함을 보고 그들을 본래 학문 없는 범인으로 알았다가 이상히 여기며 행 4:13

나는 이 말씀을 읽다가 그 연유를 깨달았다.

베드로와 요한도 갈릴리 어부 출신의, 어쩌면 학문의 깊이를 가진 이들이 아니다. 그랬던 그들이 성령의 충만함을 받아 놀라운 통찰력으로 메시지를 선포하고 유대인의 공회 앞에서도 담대히 복음을 전하는 사람들이 되었다.

"맞아, 맞아. 성령님을 만나고 내가 전보다 훨씬 똑똑해졌어. 성경도 무슨 소리인지 몰랐는데 지금은 너무나 재미가 있고…."

재완이도 자신의 변화를 인정했다.

웨일즈만이 아니라 수많은 부흥의 현장을 찾아 그 본질을 탐구하는 동안 거의 대부분이 '베들레헴의 코드'를 가지고 있음을 알았다. 우리는 드러난 큰 결실만 보지만 그 시작점은 대부분 이름 없는 '한 알의 밀알'이었다.

"1905년에 인도에서도 웨일즈에 이어서 놀라운 부흥이 강타했는데 라마바이라는 여인이 운영하던 고아와 과부의 공동체에서 시작됐지."

"이번엔 고아와 과부냐?"

인도 대부흥의 실제는 실로 엄청난 것이었다.

나는 그 여정을 살피면서 견딜 수 없이 벅찬 감격에 들어갔다. 부흥의 주인공 라마바이는 이루 말할 수 없는 혹독한 고통을 당하다가 과부가 된 여인이었다. 남편에게 버림받고 음부의 구덩이에서 부르짖었다.

"진정한 신神이 있다면 나에게 그 존재함을 나타내소서."

그때 그녀는 예수님을 만나게 되었다.

하나님 아버지 앞에서 정결하고 더러움이 없는 경건은 곧 고아와 과부를 그 환난중에 돌보고 또 자기를 지켜 세속에 물들지 아니하는 그것이니라 약 1:27

성령님이 임하시면 경건과 거룩의 능력이 나타난다.

이 말씀을 통해서 그녀는 자기와 같은 처지에 있는 과부와 고아들을 돌보는 '묵티 공동체'를 세웠다. 버림받았던 이들이 말씀과 기도를 통해서 다시 부활하였다. 그들이 날마다 기도하는 그곳에 성령님이 임하셨다. 상상할 수 없는 놀라운 하늘의 임재가 나타났고, 그 역사는 인도 땅을 휩쓸고 지나갔다.

"와! 너무나 멋지다. 성령님은 우리 같은 밑바닥 인생들을 주로 찾아오시는구나. 우리에게도 소망이 있어!"

"그 다음에 나타난 미국 LA의 아주사 부흥은 예배드릴 장소조차 없어서 마구간을 빌려 예배를 드린 한 가난한 흑인 목사를 통해 나타났어. 이 부흥은 20세기를 강타한 가장 큰 영향 중의 하나야."

"마구간에서 예배를 드려서 베들레헴 코드냐?"

"그런 의미도 있지만 만왕의 왕이요 하나님의 아들이신 예수님이 유대 땅의 가장 작은 고을 베들레헴에, 그것도 짐승의 먹이통에 오신 것처럼 모든 부흥의 본질도 그 주님을 닮아서 지극히 작은 자들이 드린 밀알의 충성을 통해 나타난다는 거야."

"정말 내 친구가 천국의 탐정이 되어 돌아왔구나. 내가 그것을 기도했는데 이 자리에서…."

재완이는 여전히 광화문 길바닥에 쭈그리고 앉아 기도하는 자세를 취하며 말했다. 그러더니 갑자기 노트를 펼치고 두꺼운 매직으로 힘겹게 시를 쓰기 시작했다. 나는 카메라를 꺼내어 그 몸짓을 고요히 촬영했다.

아버지 여호와께 기도하오니
이 거리 지나가는 사람들마다
아버지여 축복하시고
음성을 들려주시옵소서
아버지의 사랑 맛보게 하소서
왕의 나라 임하소서

나는 시를 읽으며 이것이 진정한 부흥이라는 생각을 했다.

땅바닥에 주저앉아 대륙의 일부가 되어 지극히 가난한 손과 마음으로 세상을 축복하는 그 마음. 내가 부흥의 현장을 찾아 남들이 보지 못한 그리스도의 풍경과 본질을 간파할 수 있었던 것도 재완이와 이 베들레헴 같은 광야에서 체득한 시각이 있었기 때문이리라.

'공생애를 살게 해주세요. 주님의 손과 발이 되게 해주세요'라는 작은 탄식의 응답으로 재완이를 만난 것이다. 돌아보니 거기서 나는 '광야'를, '지극히 작은 자 하나'에서 그리스도의 풍경을 보는 체질을 익힌 것이다. 이 안목이 부흥의 본질을 간파하는 자양분이 되었다. 참으로 이 또한 그 사랑의 치밀한 신경망神經網으로 느껴졌다. 그 지극한 사랑이 가만히 만져져 감사하고 또 감사했다.

측량할 수 없는 하늘의 마음과 사랑 그리고 그 부흥들과 동일한 영적 신경센터가 이 광야, 우리들의 밑바닥에서도 움트기 시작했다. 나는 또 하나의 부흥의 여정을 노을 지는 광화문에서 발견했다. 우리들의 작고 소소한 이 베들레헴에서···.

천국의 아이들

천국은 어린아이 같은 자들의 것이라 하셨는데,
내 안에 어른인 체하는 화석 같은 바리새인의 의식들이 남아 있었다.
갑자기 깊은 심연으로부터 눈물과 회개가 터져 나왔다.

23

"재완이 형이 정말 달라진 것 같아요. 시도 전과는 너무 다르고 행동도 많이 바뀌었어요. 약간 이상해요."

어느 날 '버드나무'에 와서 바닥에 엎드려 시를 쓰는 재완이를 보고 동석이가 말했다. 그런 말을 듣고도 재완이는 빙그레 웃으며 "내가 그렇게 달라졌냐?" 할 뿐 시만 쓰고 있었다. 그전 같으면 득달같이 달려가서 "달라지긴 뭐가 달라져. 이 새끼야" 하면서 뒤통수를 후려쳤을 것이다. 재완이에게 얻어맞지 않은 동생들이 거의 없다. 자매들만 빼고. 그러나 이젠 뭐가 달라져도 달라진 것이 분명하다. 후배 요셉이가 이런 증언을 했다.

"재완이 형이 달팽이 녀석을 손 장로님 치유집회에 데리고 가서 기도 받게 했어요. 달팽이도 성령을 받으면 자기처럼 변할 거라면서…."

달팽이는 얼굴이 역삼각형으로 생긴 삶이 버거운 아이였다. 가끔 사무실에 놀러 오는데 너무나 약해 보이고 사회성이 부족해 보였다. 전형적인 '왕따'형이었다. 다른 이라면 거의 관심을 두지 않을 달팽이를 재완이가 집회에 데려가서 함께 찬양하고 기도했다는 것이다. 요셉이가 그때 찍은 사진들을 보여주었다.

"재완이 표정이 예술이다. 정말 이렇게 기도를 하고 있었단 말이야?"

기도하고 찬양하는 모습이 너무나 진지하고 경건해 보였다.

"달팽이도 성령을 받으면 자기처럼 새로워질 거라면서 손을 잡고 얼마나 간절히 기도하던지…."

요셉이는 감동을 받은 모양이었다.

나도 언젠가 기도모임에서 창희 형을 붙잡고 다리가 낫기를 간절히 기도하는 재완이를 본 적이 있다. 창희 형은 어색하게 다리를 맡기고 하모니카만 연신 불고 있었다. 그러더니 말했다.

"재완이가 내 다리 나으라고 죽어라 기도하는데 뺄 수도 없고 아파서 혼났네."

"형을 위해 기도하는 거야. 재완이가 변했어…."

"맞아. 정말 변했더라. 나한테 욕도 안 하고 먹을 것도 사주고… 달라졌어."

아직도 둘 사이엔 코미디 같은 풍경들이 많지만 재완이의 모습은 확연히 달라지고 있었다.

"형, 방금 경조한테 문자가 왔는데요. 지금 집회에서 촬영을 하는데 재완이 형이 자매들을 안고 기도해주고 있다는데요."

동훈이가 말했다. 순간 마음이 철렁했다.

"그게 사실이냐? 재완이가 맞데? 틀림없데?"

"경조도 처음엔 의심했는데 카메라로 자세히 보니까 재완이 형이 맞더래요. 기도해주고 같이 춤추고…."

"아이고, 성령님을 만나도 자매 사랑은 여전하구나."

"혹시 자매 사랑의 기름부음을 받은 것은 아닐까요?"

세준이가 어색한 표정으로 농담을 했다.

장사는 뒷전이고 집회만 쫓아다니는 것은 아닌지 걱정도 스몄다. 성령을 체험했다고 하는 이들 중에 본질보다는 현상에 집착하여 변질되는 이들이 많다. 그것이 나로 하여금 그동안 성령님을 더욱 외면하게 하는 모습들이었다. 재완이가 그렇게 될까봐 은근히 걱정스러웠다.

"너 집회에서 자매들을 안고 기도해주었다면서? 춤도 추고…."

며칠 후 사무실에 찾아 온 재완이에게 물었다. 순간, 나는 녀석의 당황하며 놀라는 표정을 읽었다.

"그게 아니구…."

"아니긴 뭐가 아니야? 경조가 촬영하다가 너를 보았다는데…."

"히히히…. 맞아, 사실이야. 근데 내가 하고 싶어서 한 게 아니고 주님이 기도해주라고 하셨어."

나는 간만에 알밤을 한 대 먹였다.

"예수님 핑계 대지 말고, 니가 자매들을 안아보고 싶어서 아냐? 너 그러고 다니면 우리 밑바닥 엔터테인먼트에서 제명한다."

나는 부러 약간 협박을 했다.

"아니야! 정말 주님께서 기도해주라고 하셔서 한 거야. 아프고 힘든 사람들 기도하라고 해서…."

내 말에는 언제나 순순하게 바로 꼬리를 내리던 재완이가 이번에는 완강했다. 표정도 아주 심각하다. 거짓말하면 금세 들통이 나는 얼굴이라는 걸 알기에 이건 진실이라는 얘기다.

"너 정말 그러면 아침부터 배가 살살 아픈데 나를 위해 기도해봐라. 자매들만 하지 말고."

내가 말해놓고도 약간 유치하다는 것을 느꼈다.

그런데 재완이가 아무 망설임도 없이 내 배에 거친 손을 얹었다. 예기치 못한 행동에 약간 놀랐지만 그 손은 따스했다.

"아버지, 내 친구 우현이의 배가 아프다고 합니다. 성령님, 이 시간에 예수님의 이름으로 배가 싹 낫도록 역사해주시옵소서."

처음이었다. 재완이가 내 몸에 손을 대고 기도하는 것은….

예전에 잡고 다니던 그 손의 따뜻함이 내 위에 전이되었다. 뜸을 뜨듯이 성령님의 뜨거운 불이 배에 임하는 것 같았다.

"어! 정말 배가 안 아프다. 배가 시원해. 안 아파!"

재완이가 태연하게 그것 보라는 표정을 했다.

"너 치유의 은사를 받은 거냐? 어떻게 된 거야?"

"여성 사역자 모임에서 머리가 아픈 자매가 있는데 너무 힘들어 하기에 기도해주니까 안 아프데…."

히히거리며 당장에 자랑이다.

재완이가 치유의 은사를 받다니 감사하긴 한데 여성 사역자 모임이라니, 남자인 주제에 거긴 또 언제 간 것일까? 아무튼 지독한 자매 사랑은 어쩔 수가 없나보다.

"내가 가고 싶어서 간 게 아니고 교회 장애인 예배팀에 영숙이란 동생이 하도 가자고 해서 갔지이…."

자기가 찾아간 것이 아니라고 완강히 주장한다.

하기는 그게 중요한 게 아니고 아픈 사람을 위해 기도해준 재완이의 변화가 더 중요하다. 그것은 상상하지 못한 놀라운 변화였다. 그후로도 재완이는 기도모임에서 아픈 사람이나 힘든 사람을 보면 자기 일인 양 붙들고 기도하는 사람이 되었다.

"내가 고치는 게 아니고 예수님의 영이 하신 거야. 치유는 예수님의 영이 하시는 일이야. 그게 성령님이시고…."

내 꿈에 아픈 아이 있어
내가 아이 안고 기도할 때
하나님께서 내게 능력을 주셔
그 아이의 병이 치유되었다

재완이의 인생이 성령님을 만난 뒤 달라지고 있다.
굳어짐과 뒤틀림 속에 허덕이던 친구가 다른 영혼들을 섬기게 된 것이다. 어떻게 이토록 놀라운 변화가 가능한가? 이것은 내게 경이驚異였다. 이제 광화문 바닥에서 담배 연기 같은 허무를 내뿜던 그 거칠보이가 아니다. 점점 예수님의 형상이 그에게서 비치고 있다.
"예수님처럼 살고 싶은 마음이 생겼지. 너도 그것을 오래 기도했잖아. 그런데 성령이 임하자 그것이 나타나기 시작했어…."
나는 재완이의 말에 정말 깜짝 놀랐다.
광화문의 떠돌이 개가 이런 말을 하다니…. 이것은 진정 성령세례의 본질을 말하고 있는 것이다. 그 어떤 메시지보다 진정성과 힘이 느껴졌다.

예수께서 앉으사 열두 제자를 불러서 이르시되 누구든지 첫째가 되고자 하면 뭇 사람의 끝이 되며 뭇 사람을 섬기는 자가 되어야 하리라 하시고 어린아이 하나를 데려다가 그들 가운데 세우시고 안으시며 제자들에게 이르시되 누구든지 내 이름으로 이런 어린아이 하나를 영접하면 곧 나를 영접함이요 누구든지 나를 영접하면 나를 영접함이 아니요 나를 보내신 이를 영접함이니라 요한이 예수께 여짜오되 선생님 우리를 따르지 않는 어떤 자가 주의 이름으로 귀신을 내쫓는 것을 우리가 보고 우리를 따르지 아니하므로 금하였나이다 예수께서 이르시되 금하지 말라 내 이름을 의탁하여 능한 일을 행하고 즉시로 나를 비방할 자가 없느니라 막 9:35-38

이것이 예수님과 우리의 진정한 모습이다.

주님께서 중풍병자, 혈루증血瘻症 앓는 여인, 간절히 도와달라고 구하는 맹인을 치유하셨다. 그것을 본 바리새인들이 귀신의 힘으로 하는 것이라고 비판하였다. 그들은 성령님의 권능과 치유를 믿지 않았다. 잃어버린 영혼에 대한 깊은 긍휼이 부재했기 때문이다. 그래서 사사건건 시비를 걸고 트집을 잡는 비판의 영에 사로잡힌 것이다. 그런 사건들 후에 기록된 말씀이다. 주님은 연약한 무리들을 불쌍히 여기셨다. 이 예수님의 불쌍히 여기는 긍휼과 연민, 사랑이 '치유의 능력'을 가져온다.

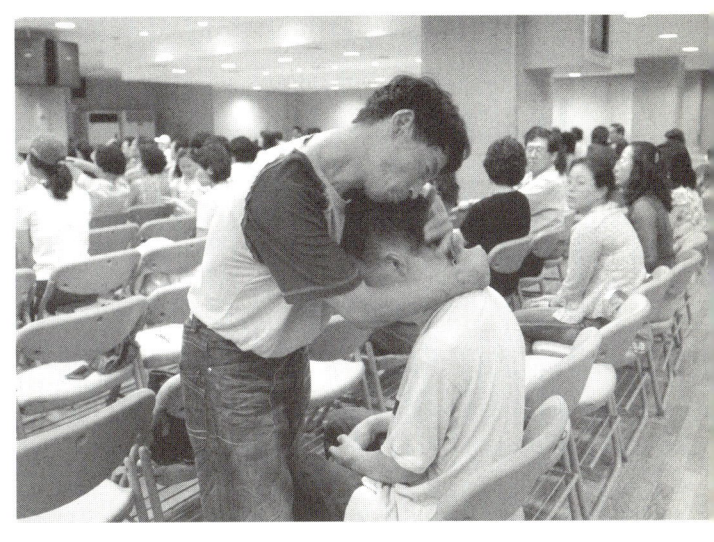

"치유는 예수님의 영이 하시는 일이야.
그게 성령님이시고…"

마태는 예수님이 열두 제자에게 이 동일한 사명을 맡기셨다고 기록했다(마 10:1). 주님 당신처럼 그렇게 살라고 명령하신 것이다. 나는 내 안에 예수님의 그 역사를 가로막는 바리새인의 영이 남아 있음을 알았다. 주님은 지금도 무리들을 불쌍히 여기시고 치유하기를 원하신다.

나는 오래 간구해온 주님의 '손과 발이 된다는 것'이 무엇인지를 재완이를 보면서 깨달았다. 그것은 그저 지적인 열망이나 감성적인 추구 이상의 매우 실제적인 것이다.

> 내가 진실로 진실로 너희에게 이르노니 나를 믿는 자는 내가 하는 일을 그도 할 것이요 또한 그보다 큰 일도 하리니 이는 내가 아버지께로 감이라 요 14:12

예수님처럼 사는 삶의 풍경을 재완이는 자기 삶에서 이루고 있는 것이다. 그의 말 한 마디 한 마디가 너무나 놀랍고, 다른 사람을 보는 것 같았다.

"그 많던 욕이 아직 배 속에 있는데 이젠 입 밖으로는 안 나와. 그래도 내 속에 있으니 아직 성화가 덜 된 것이지."

급기야 나는 경악하고야 말았다. 정재완의 입에서 '성화聖化가

덜 되었다'는 말이 나오리라곤 상상도 못했다.

"야! 우리 재완이가 신학자가 다 되었구나! 그런 말을 다 쓰고…."

"신학자는 무슨 얼어 죽을… 아니야. 난 길거리의 장사치에 불과해. 다만 내게 성령님이 임하신 것뿐이야."

점입가경漸入佳境이란 이런 걸 두고 하는 말일 것이다.

"알았다, 알았어. 그런데 어떻게 그렇게 망설임도 없이 누가 아프다면 바로 기도할 수 있니?"

마치 유명한 사역자를 인터뷰하는 기분이 들었다.

"망설일 필요가 뭐 있어? 예수님도 그러셨잖아. 아픈 사람, 지친 사람, 버려진 사람 그냥 두시지 않고 재깍 기도해주셨잖아. 그것뿐이지. 내가 하는 것도 아니고 예수님의 영이 하시는 것뿐이고. 내 말이 틀려?"

"아니, 맞아."

나도 재깍 꼬리를 내렸다.

나도 모르게 재완이의 페이스에 끌려가는 기분이었다. 이십 년 가까이 그를 만나면서 이런 일은 처음이었다. 그러나 그것이 전혀 기분 나쁘지 않았다.

'내 친구 재완이가 이토록 변했구나. 상상 이상으로 달라졌구나.'

재완이의 이런 변화의 원인은 단 하나였다.

그가 말하듯 그에게 예수님의 영, 곧 성령님이 임하신 것이다. 성령님이 오셔서 '천국의 아이'로 만들어주신 것이다.

24

주변에서도 재완이의 변화에 모두 놀라고 있었다.

그러나 나에게는 아직도 예전의 거칠보이로 보일 때가 많았다. 어찌 보면 나는 그의 후견인後見人과 같은 존재였다. 비록 성령님을 만나고 변화되었다고 하지만 아직도 물가에 노는 아이를 보는 엄마처럼 재완이를 살피고 있었다.

성령세례를 받은 후에 우리는 그전처럼 광화문에서 자주 만나기보다 기도모임이나 집회에서 만나게 되는 일이 많았다. 재완이도 전처럼 연락을 자주 하지 않았다.

"어… 재완, 이젠 나 없이도 외롭지 않은가봐. 사역자님이 되시더니 얼굴 보기도 힘드네."

"내가 무슨 사역자냐? 난 길거리의 장사치에 불과해."

그렇게 말하더니 어디로 휙 가버린다.

혹시 내 농담에 삐진 것은 아닌가 하고 잠시 뒤에 슬쩍 가보았다. 사무실 빈 공간에 쭈그리고 앉아 시를 쓰고 있다. 온몸을 움찔움찔

하며 시를 쓰는 모습은 변함이 없다. 그런데 왠지 그 뒤태가 쓸쓸해 보였다.

"재완아, 광화문에 못 간 지도 오래되었네. 창희 형이며 뒷골목의 작은 풀꽃들은 모두 안녕하냐?"

재완이를 뒤에서 끌어안으며 연인처럼 귓속말로 속삭였다.

"…"

만담을 하듯 내 말을 받아치던 재완이가 그냥 가만히 있었다.

그러고 보니 재완이를 안아본 적은 거의 없었던 것 같다. 손을 잡고 다닌 적은 많으나 몸을 끌어안아보기는 처음이었다. 트레이드마크처럼 항상 걸치고 다니는 붉은 망사 조끼 안에서 재완이의 딱딱한 몸은 땀에 절어 뜨거웠다.

"그럼 모두 안녕하지. 네가 안 와서 약간 삐친 것도 같지만 그래도 내가 매일 지키고 사랑해주니 모두 다 안녕하다."

문득, 저 거친 광야 한가운데 재완이가 우두커니 앉아 시를 쓰는 환영幻影을 느꼈다. 아무도 없는 사막이다. 주변에 작고 메마른 풀꽃들만 바람에 흔들린다.

나조차 성령세례를 경험한 후에 너무나 급격한 변화를 느끼고 있었다. 그때는 온 나라가 부흥에 대한 열망으로 들끓고 있었다. 평양 대부흥 100주년이 되는 2007년에 다시 그 성령의 임재가 나타나기를 구하는 열망이 전국에서 피어났다. 나는 우면산에서 들은 음성에 순종하여 《부흥의 여정》이라는 책과 영상을 낸 후 이리저리 강사로 불려 다니고 있었다. 그러나 마음 한쪽에는 늘 무언가에 대한 허전함과 그리움의 물기가 눅눅하게 번져 있었다.

"야! 이런 시는 오랜만에 보네. 예전의 재완이로 다시 돌아간 거냐?"

나는 어색함을 풀기 위해 그전보다 더 비뚤비뚤 지렁이 글씨로 씌어진 시를 낚아채서 읽었다.

거리의 매미는 운다
짝을 찾기 위해 운다
그래야지 내년에 또 울지

"재완아, 아직도 짝을 찾지 못한 갈망에 우는 거냐?"
난 역시 농담조로 말했다.
"그게 아니구. 매미처럼 울고 싶어서…."
슬쩍 말을 흐린다. 나는 더 묻지 않았다.
매미는 땅속에서 7년을 기다려 세상에 나와 한여름 울고 스러진다고 한다. 그래서 뜨거운 여름날에 그토록 처절히 우는 것이다. 아니, 그렇게 들리는 것이다. 재완이는 어떤 울음을 울고 싶었던 것일까? 성령님을 만나고 삶은 변했지만 재완이의 몸은 아직도 뒤틀리고 굳어져 있었다.

그때 재완이가 말했다.

"우현아, 나를 위해서 기도해주라. 내 몸이 낫도록…."

나는 재완이의 손을 꼭 잡았다.

"재완아, 이따 기도회에서 네 몸이 낫기를 성령님께 구하자. 우리 아버지는 전능하신 분이시니 능치 못함이 없으심을 믿고 구하자."

"아멘!"

재완이가 힘주어 외쳤다.

그 순간 그를 두르던 쓸쓸함이 확 벗겨지는 것을 느꼈다. 그전 같으면 형식적으로 기도하자고 했을 것이다. 재완이의 병이 낫는다는 것은 상상조차 하지 않은 것이다. 그러나 지금은 재완이나 나나 하늘의 권능으로 임하시는 성령님을 알고 있다. 그분은 이천 년 전 이 세상에서 질병과 상처, 가난과 저주로 포로되고 묶인 자들에게 천국의 복음을 전하기 위해서 오신 예수님에게 임하셨다(눅 4:18,19).

그 동일한 영적 신경망은 오늘도 작동하고 있다. 성령님을 만난다는 것은 그 '하늘 신경계'에 연결되는 것이다. 내가 선 땅에서 아름다운 예수님의 유업을 잇는 것이다.

하나님이 말씀하시기를 말세에 내가 내 영을 모든 육체에 부어주리니 너희의 자녀들은 예언할 것이요 너희의 젊은이들은 환상을 보고 너희의 늙은이들은 꿈을 꾸리라 그때에 내가 내 영을 내 남종과 여종들에게 부어주리니 그들이 예언할 것이요 행 2:17,18

기도모임에서 나는 이 말씀을 나누었다.

"하나님께서는 모든 육체에 성령을 부어주시기를 원하십니다. 그러나 말씀보다 내 생각과 교리와 경험에 더 치중하고 살아온 나는 아버지의 뜻과 마음을 알지 못했습니다. 아버지는 모세에게 말씀하셨듯이 당신의 모든 백성들이 선지자가 되기를 원하십니다."

그때 재완이가 손을 번쩍 들더니 "아멘" 하고 외쳤다.

자신의 병이 낫기를 바라서 더욱 그러는 것이라고 생각했다.

"하나님께서는 성령님을 남종과 여종에게 부어주신다고 하셨습니다. 그 당시 종들은 우리가 생각하는 것보다 훨씬 비천한 밑바닥 인생들입니다."

다시 재완이가 아멘을 크게 외쳤다. 몇 사람이 픽픽 웃었다.

"우리 아버지는 이토록 연약하고 부끄러운, 남종과 여종 같은 우리에게 성령으로 가득 채우기를 원하십니다. 그렇게 하셔서 주님처럼 살게 하시기 위함…."

내 말이 채 끝내기도 전에 재완이가 아예 일어서서 아멘으로 화답했다. 나는 지나치게 큰 아멘 소리가 약간 거슬리기는 했지만 '이 말씀이 오늘 우리에게 이루어졌구나' 하는 생각을 했다. 재완이나 나, 기도하기 위해 모인 사람들 대부분이 연약하고 작은 이들이다.

우리 아버지는 그런 우리에게 거룩하신 당신의 영을 부어주시려고 한다. 원죄로 인한 저주와 절망, 가시덤불과 엉겅퀴로 누더기가 된 우리에게 독생자를 아낌없이 주신 것처럼….

순간, 그 사랑이 기름부음처럼 임하였다.

허무한 시절 지날 때 깊은 한숨 내쉴 때
그런 풍경 보시며 탄식하는 분 있네
고아같이 너희를 버려두지 않으리
진리의 영이신 성령이 오셨네

성령세례를 받고 변화된 도현이가 만든 〈성령이 오셨네〉라는 찬양을 다같이 불렀다. 성령님을 보내신 것은 우리에게 가장 좋은 것을 주시려는 아버지의 사랑이다. 그런데도 나는 함부로 성령을 폄하하고 내 체질과 어쭙잖은 지식으로 판단한 것이다. 다시 부끄러움이 임하고 나는 거의 울 듯이 찬양하고 있었다. 동시에 재완이가 일어나더니 격렬하게 춤을 추며 찬양하기 시작했다.

    마지막 날에 내가 나의 영으로
    모든 백성에게 부어주리라

순간 다른 이들과 엇박자로 박수를 치고, 찬양도 자기 맘대로 하며, 거칠게 춤을 추는 재완이가 이뻐 보이지 않았다. 그전에 없던 거슬림이 내 안에서 스물스물 올라오고 있었다. 문득 어떤 풍경이 떠오르며 아버지의 사랑에 감격했던 마음이 사그라들고 '왜 저러나' 하는 마음이 엄습했다.

25

'가난한 자'를 나누던 나는 서해 제부도의 한 교회에 간 적이 있다. 간증을 하는데 재완이가 바람을 쐬고 싶다며 따라왔다. 그때는 아직 재완이가 담배를 끊기 전이었다. 집회 전에 교회 앞에서 담배를 피우다가 내게 핀잔을 들은 재완이는 간증 내내 일어서서 아멘을 외쳤다.

내 친구가 그토록 창피한 적은 처음이었다. 사람들은 그런 재완이를 보고 와하하 웃기도 하였다. 간증을 끝낼 때는 재완이가 일어나서 "브라보! 브라보!"를 연발하였다. 콘서트도 아닌데 브라보라니….

정말 때려주고 싶은 충동이 일었다. 나는 늘 하는 간증이지만 재완이는 그때 처음 들은 것 같았다. 물론 그는 친구의 간증에 진심으로 감동하여 그렇게 표현한 것이다. 그러나 나는 그런 재완이가 너무 창피하게 느껴졌다. 나란 종자는 사람을 섬세히 의식하고 지독할 정도로 피해나 부담을 주지 않는 체질이었다. 그래서 극단적인 성령 사역이나 쓰러지고 소리 지르는 것조차 부담을 가졌다. 그런데 재완이가 점잖은 시골 교회의 성도들 앞에서 소위 쇼를 한 것이다.

"야, 이 녀석아! 너 내가 오늘 얼마나 창피했는지 알아? 너 앞으로도 또 그러면 다신 안 만난다. 다른 사람들도 생각해서 반응을 하려면 좀 점잖게 해야지. 브라보가 뭐냐? 무슨 밤무대냐?"

나는 헤드록으로 재완이의 머리를 심하게 쥐며 압박하였다. 그런데 평소와는 달리 내 팔에 진짜 힘이 들어가는 것을 느꼈다. 정말 재완이가 미웠던 것이다.

"알았어, 알았어. 다시 안 그럴게. 미안하다. 미안해."

집으로 돌아올 때까지 나는 마음이 안 풀려 다시 몇 번이나 헤드록을 하였다.

문득 그때의 일이 생각나면서 춤을 추는 재완이가 거슬렸다.

사람들이 힐끔힐끔 재완이를 쳐다보았다. 찬양도 박자를 전혀 맞추지 않고 흐름을 끊고 있었다. 함께 기도하는 동안에 나는 문제아를 타이르듯 엄하게 속삭였다.

"재완아, 좀 절제해라. 너 혼자 물을 흐리고 있잖아. 알았지?"

"알았어. 미안해. 내 안에 성령님이 기뻐서 그러는 거야."

나는 그 말에 더 화가 났다. 다시 헤드록을 슬쩍 하며 성령님을 팔지 말라고 핀잔을 주었다. 그리고 다시 기도를 시작하려는데 마음이 너무나 불편하고 무언가에 눌리기 시작했다. 성령님의 임재를 전혀 느끼지 못했다. 기도모임 내내 영적인 간절함과 뜨거움이 하나도 일어나지 않았다. 성령세례 받은 후에 이런 적은 한 번도 없었다. 사울처럼 내 안에서 주의 영이 떠나신 것 같았다.

'주님, 왜 이런 것인가요? 도와주세요. 아무런 임재나 충만함을 느낄 수가 없습니다.'

처음 우면산에서 성령님을 만날 때의 답답함 같은 것들이 나를 억누르고 있었다. 계속 구해도 산처럼 막막한 무게에 눌려 있었다. 아무래도 재완이에게 화를 낸 것 때문에 내 영이 묶여버렸다는 생각이 들었다.

'주님, 살려주세요. 제가 잘못했습니다. 제가 성령님을 제한하고

인간적으로 생각했습니다. 저를 용서해주세요.'

그 순간 갑자기 말씀 하나가 두둥실 나타났다.

내가 여호와 앞에서 뛰놀리라 내가 이보다 더 낮아져서 스스로 천하게 보일지라도 삼하 6:21,22

처음엔 약간 생경한 기분이었다.

성령님을 만난 후에 깊은 기도 가운데 말씀을 선명하게 떠올려 주실 때가 많았다. 그것은 내게 가장 큰 변화였다. 사람들이 '말씀을 받는다'고 하는 것이 무엇인지 알게 되었다. 그렇게 주신 말씀 하나하나는 살았고 운동력 있는 검이 되어 내 심령과 골수까지 쪼개어 변화시키셨다. '진리의 성령님이 우리를 모든 진리 가운데 인도하실 것'(요 14:16, 16:13)이라 하신 의미를 알 것 같았다.

나는 엎드려 그 부분을 찾아서 다시 읽었다. 다윗은 블레셋에 빼앗긴 하나님의 법궤를 찾기 위해 백방으로 애썼다. 그는 오직 하나님의 언약과 임재에 관심이 있었다. 그 상징인 법궤를 찾기까지 자기 침상에서 잠을 자지도 졸지도 않겠다고 선언할 정도였다(시 132:3,4). 결국 그는 그것을 '나무 밭'(기럇여아림)에서 찾았다.

후에 그곳에 가보았는데 아직도 거친 나무 밭이었다. 그 법궤가 예루살렘으로 돌아오던 때에 다윗은 그 앞에서 뛰며 춤을 추었다. 춤이 너무나 격렬하여 옷이 벗겨져 맨살이 보일 정도였다. 그것을 본 아내 미갈이 왕의 위엄과 체통을 버리고 천한 행동을 했다고 비난했다. 그러자 다윗이 말했다.

"이것보다 더 낮아져 스스로 천하게 보일지라도 나는 여호와 앞에서 뛰놀리라."

이 말씀을 읽으며 나의 영적인 막힘의 연원을 깨달았다.

내 안에 아직도 사람을 의식하는 것이 있었던 것이다. 천국은 어린아이 같은 자들의 것이라 하셨는데, 내 안에 어른인 체하는 화석 같은 바리새인의 의식들이 남아 있었다.

재완이는 말 그대로 성령님이 기뻐하심을 그대로 표출하였다. 그저 하나님 아버지 앞에서 기뻐 뛰어노는 것이다. 오히려 다른 사람들과 내가 '미갈의 영'으로 그를 판단한 것이다. 갑자기 깊은 심연으로부터 눈물과 회개가 터져 나왔다.

'아버지, 제가 아직도 너무나 부족하고 악합니다. 내 안에 돌같이 굳은 마음과 형식주의가 가득합니다. 성령님, 임하셔서 주의 보혈로 이 굳은 마음을 깨뜨려주시고 어린아이의 마음을 주시고 그 불로서 태워주소서.'

홀로 무릎에 머리를 박고, 구하고 또 구했다. 그러자 내 안에 거의 사라져 고갈되었던 영적 임재가 살아나기 시작했다. 다시 주님의 영이 나를 사로잡아 이전의 충일함으로 이끌었다.

'우현아, 성령님의 임재와 역사를 생각하여라. 그가 오시면 급한 바람과 불과 모인 것을 흔드는 진동이 있다. 오늘날 내 백성들이 너무나 자기의 안일한 틀과 예의를 빙자한 형식주의에 갇혀 성령님을 누리지 못하고 있다. 초자연적인 하늘의 역사를 함부로 판단함으로 경험하지 못하는 것이다. 너도 네 안에 남아 있는 그것을 부수어야 한다. 진정으로 어린아이가 되어야 하나님나라로 들어갈 수 있다.'

오랜만에 다시 주님의 그 음성을 들었다. 나는 견디지 못하고 구석으로 가서 벽에 머리를 대고 절규했다.

'주님, 제 안의 이 돌덩이를 제거해주세요. 이 틀에 짜인 교만의 수건을, 미갈의 영을, 완악한 비늘을 벗겨주세요. 다윗처럼 아버지 앞에서 뛰노는 그 자유를 주세요.'

그날 밤 집으로 돌아와 다시 그 부분을 더 묵상해야겠다는 생각을 했다. 나는 성령님께 깨닫게 해달라고 구하며 책장을 훑어봤다. 그전과 달리 기회 있는 대로 사둔 성령에 관한 책들이 제법 있었다. 그중에서 《기름부음》이란 작은 책을 꺼냈다. 스미스 위글스워스 Smith Wigglesworth라는 사역자가 쓴 책인데 페이지를 이리저리 넘기다가 전율하고 말았다.

만일 성령의 현현들이 이전에 지나간 것으로 알고 있는 어떤 교회들이 매우 존경할 만하고 예의 바르게 되는 것을 원하고 그들의 집회에서 초자연적인 것을 제외할 때 큰 위험이 있다.

나는 집중하여 그 뒤를 이어 살폈다.

만일 우리가 고귀하지 않게 보이는 것을 멈추면, 미갈이 우릴 반길 것이다. 초자연적인 것을 미워하는 '미갈들'과 타협하는 일이 반드시 없어야 하며, 그렇지 않으면 그들이 법궤의 존재로부터 우리를 끌어내고 주님의 임재 앞에서 즐거워하는 것을 중지시킬 것이다.

어떻게 내가 깨달은 것과 동일한 것이 여기에 적혀 있을 수 있단 말인가? 나는 이 문장을 몇 번이나 다시 읽었다.
'동일한 영적 신경계가 작동하였구나.'
잠잠한 감격과 다시 부끄러워지는 영혼을 어쩌지 못했다.
아직 내 안에는 너무나 많은 자아와 쓴뿌리와 형식들이 있었다. 뒤늦게 성령님을 체험하고 많은 변화를 경험했지만 여전히 지성주의적인 안온한 틀 속에 갇혀 있던 것이다. 물론 극단으로 치우치고 현상에만 몰두하는 성령체험은 극히 경계해야 할 일이다. 오히려 그것은 하나님의 영광을 가리고 성령의 역사를 제한한다.

그러나 아버지 앞에서 천국의 아이가 되어 영으로 기뻐 뛰노는 것은 중요하다. 돌같이 굳은 몸과 마음이 풀어져야 한다. 나는 다시 내 안의 그 돌덩이들을 제거해달라고 성령님께 구하기 시작했다. 재완이보다 더 '천국의 아이'가 되게 해달라고 간절히 기도했다.

흠모할 만한 것이 없는 풍경

비교할 수 없는 경지지만 나는 방언에서 그 순종을 배우고 있었다.
가장 하잘것없어 보이던 방언이 상상 못할 역사로 나아갔다.
성령님은 나를 예수님처럼 광야로 내몰고 계셨던 것이다.

26

"우현아, 내 몸이 그전보다 훨씬 부드러워졌어. 말하는 것도 그렇고."

어느 날, 길을 걸으며 기도하고 있는데 재완이가 전화를 했다. 나는 그게 무슨 일인가 의아했다.

"갑자기 몸이 좋아진 거냐? 어? 정말 그러고 보니 말이 그전보다 훨씬 잘 들리네."

착각인지 몰라도 재완이의 말이 전과는 달리 또렷하게 느껴졌다. 뇌성마비로 인해 그의 말은 너무나 듣기가 어려웠다. 게다가 성격이 급해서 말하다가 숨이 넘어갈 듯 껵껵거린 적이 한두 번이 아니다. 그런데 참 편하고 부드럽게 들려왔다. 게다가 몸까지 나아졌다니 이게 무슨 일인가!

"방언을 받고 나서 이렇게 됐어. 그날 이후로 날마다 방언을 했거든. 이거 되게 신기한 일이다."

나는 귀를 의심했다.

"정말이냐? 방언을 하고 나서 그렇게 된 거야?"
"그렇지. 방언을 매일 했어!"
갑자기 즐거움의 기름부음에 잠긴 듯 재완이가 외쳤다.
"야! 방언이 정말 능력이 있나보다. 재완이 니가 다 변하고…."
"맞아! 정말 대단해. 이러다가 몸이 정말 나을 것 같아. 깍깍깍."
오랜만에 들어보는 까치 소리가 반가웠다.

2007년 봄, 나는 미국 동부지역의 부흥을 위해 집회를 다녀오는 과정에서 생각지 않은 것을 경험하게 되었다.

'주님께서 이 시대에 부어주시기를 원하시는 가장 강력한 성령의 능력을 부어주세요. 하늘의 보좌 가운데서 채택한 그 전략을, 기름부음을 제게 부어주세요.'

성령님의 이끌림으로 뉴욕 타임스퀘어교회라는 곳에서 기도하게 되었다. 재완이를 통해서 내 안의 '미갈의 영'을 깊이 깨달은 나는 '천국의 아이'가 되기를 구하였다. 아예 한술 더 떠서 '천국의 귀염둥이'가 되고 싶다고 선언하였다. 그러자 성령님이 더욱 임하시고 나는 일어나 춤추며 찬양하는 예배자가 되었다. 전에는 제한하던 성령의 은사와 능력을 적극 구하게 되었다. 그것이 없으면 진정으로 그리스도의 증인이 될 수 없음을 절감한 것이다.

미국 동부지역 집회는 부흥의 본질을 지적으로 탐구하는 것이 아니라 능력을 실제로 경험하기 위한 하늘의 전략이었다. 주님은 내가 알지도 못하던 타임스퀘어교회에 가서 아버지가 기뻐하시는 가장 강력한 권능을 구하라고 하셨다.

워싱턴에서부터 주님의 음성이 다시 선명하게 들리기 시작했다. 우면산에서 들었던 그 섬세한 주님의 음성에 나는 너무 기분이 좋았다. 내 영이 찬양하며 기뻐 뛰는 가운데 아버지의 사랑이 임하자 거의 통곡에 가까운 눈물로 쓰러졌다.

그런데 뉴욕에서는 전혀 다른 계획을 들려주셨다. 다른 일정들이 이미 잡혀 있었지만 나는 순종하여 버드나무 아이들과 그리로 가서 기도했다. 그 간구의 응답은 전혀 뜻밖의 것이었다.

'우현아, 동석이가 방언을 받도록 기도해줘라.'

나는 처음에 귀를 의심했다.

솔직히 그전과는 다른 엄청나고 놀라운 권능을 기대했었다. 미국에 가기 전부터 주님께서 이미 예비된 하늘의 권능을 구하라고 하셨다. 이제 나는 은사를 제한하는 '바리새적인 형식주의'가 아니었다. 큰 기대를 가지고 입을 열어 권능을 구했는데, 겨우 방언이라니!

'에게… 이게 뭐야.'

나는 속으로 실망하였다.

순간 순종이 제사보다 낫다는 말씀이 떠올랐다. 내 지각과 경험, 지식으로 이해되지 않는다고 함부로 판단하는 어리석음에 빠지지 않기로 하였다. 즉각 복종하여 동석이를 붙들고 기도하기 시작했다. 그때까지 방언은커녕 다른 사람에게 은사를 나누기 위해서 기도한 적이 없는 나였다.

그러나 무조건 순종하여 동석이를 안고 기도할 때에 성령이 임하셨다. 그것이 믿음이었던 것이다. 거대한 아버지의 사랑이 마치 쓰나미처럼 나를 강타했다. 나는 심장이 터질 듯한 감격 속에 견디지 못하고 앞으로 나가 절규하였다.

"아버지, 제가 지금 견딜 수 없이 아버지를 사랑합니다. 너무 너무 너무 너무 너무… 아버지를 사랑합니다."

내 영혼에 그런 아버지를 향한 사랑과 갈급함이 있는지 몰랐다. 심장이 파열될 것 같은 그 사랑에 나는 다윗이 되어 홀로 외치고 울고 뛰었다. 동행한 아이들도 나의 그런 모습에 모두 놀라고 말았다. 후에야 확인했지만 동석이도 그 순간 방언이 열리고 엄청난 사랑에 흐느껴 울었다.

소망이 우리를 부끄럽게 하지 아니함은 우리에게 주신 성령으로 말미암아 하나님의 사랑이 우리 마음에 부은 바 됨이니 롬 5:5

우리가 아직 죄인 되었을 때에 그리스도께서 우리를 위하여 죽으심으로 하나님께서 우리에 대한 자기의 사랑을 확증하셨느니라 롬 5:8

그때 이 말씀이 내 영혼에 부어졌다.

이것은 어렸을 때부터 외우다시피 한 말씀이다. 그런데 갑자기 아버지의 그 사랑이 느껴지는 것이다. 나를 위해 죽으신 십자가의 은혜였다. 이미 잘 알고 있다고 생각한 '십자가의 은혜'가 거대한 강처럼 내 영혼을 잠식하고 불태웠다.

'나를 사랑하사 나를 위하여… 자기 자신을 버리신 하나님의 아들….'(갈 2:20)

'보라 아버지께서 어떠한 사랑을 우리에게 베푸셨는가?'(요일 3:1)

이런 말씀들이 불화살처럼 내 영혼에 쏟아져 내렸다.

동석이도 어릴 때 약을 잘못 먹어서 머리털이 나지 않는 병으로 깊은 상처를 가진 아이였다. 주님의 손이 이런 아이들을 만나게 하셨고, '버드나무'를 만들게 하셨다. 그런데 동부의 여행 내내 성령님은 하늘의 권능을 구하는 내게 '방언'과 그 지극히 작은 동석이를 사용하셔서 역사를 이루셨다. '베들레헴의 코드'가 작동한 것이다.

한국에 돌아와 예정된 집회들을 하는 동안 성령께서 잊고 있던 방언을 다시 끄집어 내셨다. 그러나 나는 그것을 잊어버렸고 가능하면 외부에 표출하지 않으려 애썼다. 은사를 무시하지 않지만, 다른 것도 아닌 '방언'을 나눈다는 것은 문제가 될 소지가 많았기 때문이다. 그러나 강권적인 주님의 역사 속에 나는 결국 그것을 나누고 기도하게 되었다. 그러자 다시 많은 이들이 방언을 하며 성령님을 체험하기 시작했다.

"방언으로 기도하고 제 안에 오랫동안 묶여 있던 귀신이 떠났습니다."

"이혼 직전의 가정이 방언을 통해 다시 회복되었습니다."

"저를 괴롭히던 질병이 치유되었습니다."

가장 꺼리고 하찮게 여기던 방언을 나눈 것뿐인데 그 결과는 예상 밖이었다. 나는 어리둥절했지만, 성령님께 사로잡혀 어울리지 않는 '방언 전도사'가 되어 갔다. 그것은 내가 가장 원하지 않던 모습이었다. 어느새 마치 성령 사역자나 부흥사와 같은 삶 속에 들어간 것이다. 그 격랑激浪에 휩쓸려 떠내려가는 동안 주님의 음성을 들었다.

'우현아, 그것은 그동안 네가 추구하고 갈망하던 길과 다르지 않다. 방언은 가장 작고 하찮게 여겨지는 은사다. 그러나 오순절 성령님이 임하셨을 때 제자들에게 가장 먼저 임한 은사란다. 그것은 네가 추구하는 나의 풍경을 닮은 것이다. 흠모할 만한 것이 없는, 남들

이 꺼리는 그 작은 것을 나누는 축복을 네게 준 것이다.'

이 음성이 없었다면 나는 도중에 포기했을지도 모른다.

그는 주 앞에서 자라나기를 연한 순 같고 마른 땅에서 나온 뿌리 같아서 고운 모양도 없고 풍채도 없은즉 우리가 보기에 흠모할 만한 아름다운 것이 없도다 사 53:2

나는 이 말씀을 가슴 깊이 새기고 새겼다.

무엇이 지성적인 것인가? 무엇이 가장 진실되고 그리스도를 닮은 풍경인가? 하나님을 경외하는 것, 자기를 부인하고 두렵고 떨림으로 그분의 길과 언약에 복종하는 것이 진정한 지식이다. 그것이 주님의 길이었다. '십자가'는 당시 가장 무식하고, 어리석고, 극악함의 상징이었다. 그러나 주님은 그것에 달려 죽을 것을 명하신 아버지의 뜻에 복종하셨다. 자신을 부인하고 오직 하늘의 뜻과 전략에 자기를 내던지셨다.

비교할 수 없는 경지지만 나는 방언에서 그 순종을 배우고 있었다. 가장 하잘것없어 보이던 방언이 상상 못할 역사로 나아갔다. 성령님은 나를 예수님처럼 광야로 내몰고 계셨던 것이다. 광야에 가 본 이는 알 터이다. 고운 모양과 화려하고 안정된 구조가 없다. 그저 메마르고 보기에 흠모할 만한 것이 없는 거친 들짐승들의 땅이다. 방언은 그런 것이었다.

초대교회 교인들이 방언을 했을 때도 유대와 헬라의 세련된 형식주의자들이 "저들이 술에 취했다"라고 손가락질했다(행 2:13). 내게도 여전한 그 손가락이 있었으나 재완이로 인한 '미갈의 영靈'이 거둬진 후로 그나마 변화가 있었던 것이다.

27

어느 날 규장의 여진구 대표가 전화를 했다.

"감독님, 김응국 국장님이 방언을 했습니다."

"네에! 정말 굿 뉴스네요. 그 완강하던 분이 어떻게?"

"혼자 기도하시다가 성령을 받았습니다. 할렐루야!"

규장의 편집국장인 김응국 목사님은 보수적인 신학교 출신으로 예전의 나처럼 성령의 은사나 세례에 극히 부정적인 분이었다. 여진구 대표가 먼저 방언을 받고서 날마다 그 은혜를 나누자 매우 힘들어하셨다고 한다. 그런데 얼마 후 목사님은 홀로 기도하시다가 불가항력적인 성령에 휩싸여 혼자 방언을 하게 된 것이다. 이후 규장 출판사에도 하루 아침에 전 직원이 방언을 받는 혁명적인 변화가 있었다.

"엄청난 사건이 터졌군요? 우리 뭉칩시다."

그 당시 내 주변은 온통 '성령세례'와 '부흥'이 주제였다.

무슨 건수만 생기면 그걸 빌미로 뭉쳐서 교제하고, 나누고, 기도를 했다. 우리는 함께 모여 삼계탕으로 파티를 했다. 마침 창희 형과 재완이가 내 전화를 엿듣고 집요하게 졸라서 동석하게 되었다. 창희 형이 좋아하는 삼계탕을 놓칠 리가 없었다. 나도 오랜만에 이 친구들과 바람을 쐬고 싶었다.

재완이는 우리가 나누는 성령님의 역사에 연신 "아멘! 할렐루야!"로 화답하였다. 삼계탕을 실컷 먹은 창희 형은 하모니카로 찬송가를 불어댔다. 오랜만에 보는 그 풍경에 깊은 계곡에 사는 인디언 족장을 마주한 듯 오래된 평화가 느껴졌다.

식사를 마치고 근처의 작은 교회에서 예정에 없던 기도모임을 하게 되었다. 당시 우리는 모이면 기도하고 성령님을 구하던 불덩이들이었다.

"우현아, 나를 위해 기도해다오. 내 몸이 낫도록…."

각자가 깊은 기도에 잠기고 있는데, 재완이가 내게 와서 말했다.

그러더니 내 손을 꽉 잡는다. 딱딱한 나무 뿌리가 나를 휘감은 느낌이었다. 가끔 남들을 위해 기도해주고 그 소소한 치유에 감격하던 재완이지만, 정작 자신의 몸이 치유되지 못한 것을 힘들어 했다.

"이 형제의 몸은 성령님의 능력으로 치유될 것이고, 그것은 마른 **뼈**처럼 죽어 있는 북한의 형제들에게 하나님의 역사를 일으키는 큰 증거가 될 것입니다."

언젠가 기도모임에 온 한 외국인 중보기도자가 재완이에 대해 이렇게 기도해주었다. 그후부터 재완이는 틈만 나면 자기를 위해 기도해달라고 말했다.

"재완아, 너 방언으로 기도하니?"

"아니, 못해."

"나하고 같이 방언을 위해 기도할래?"

"그래… 기도하자."

이것 또한 예정에 없던 일이다.

갑자기 일사천리로 일이 진행되었으며, 나는 재완이를 잡고 기도하였다. 짧은 기간에 주변의 친구들이 방언을 받았지만 재완이는 오랜만에 만나서 기도하지 못한 것이다.

"아버지, 재완이도 방언으로 기도하게 해주세요. 성령님과 함께 기도하여 더욱 깊은 임재를 누리게 해주세요."

그 순간, "아아악!" 하고 재완이가 비명을 질렀다.

"왜 그래!? 어디 아파?"

"허리가… 허리가 갑자기 끊어질 것 같아. 아아악!"

나는 너무나 당황스러웠다. 그저 조용히 기도를 시작했을 뿐인데 허리가 끊어질 듯이 아프다니….

"재완아, 괜찮니? 괜찮아?"

내가 허리를 잡고 기도하는 순간이었다.

"아바바 아바바…."

재완이가 방언으로 말하기 시작했다.

하늘의 우리 아버지의
영이 나에게 오셨네
하늘의 따뜻한 아버지의
사랑이 내게 오셨네

"그후에 매일 장사를 하면서 방언을 했는데 몸이 너무나 부드러워지고 말도 아주 편하게 나와."

재완이의 목소리를 이토록 편하게 듣기는 처음이다.

성령님을 만난 후 허무한 소리와 욕은 하지 않지만 여전히 재완이의 목소리는 거칠고 듣기가 불편했다. 그런데 이제 정말 온유함의 물기가 깊이 스민 따스한 음성으로 느껴졌다.

하늘의 우리 아버지의
영이 나에게 오셨네
하늘의 따뜻한 아버지의
사랑이 내게 오셨네

방언을 나눈 후에 나도 더욱 성장하였지만
재환이의 변화는 괄목할 만하였다.

"재완아, 우리 매일 성령으로 기도하자. 그리고 몸까지 완전히 치유되어 그것으로 주님의 살아계심을 증거하자."

"그래! 그러자! 반드시 치유될 거야…. 할렐루야! 깍깍깍."

'할렐루야'와 '깍깍깍'이 이토록 조화가 될 줄은 몰랐다.

비록 방언에 대하여 나누는 순종을 했지만 나는 결코 '방언 지상주의자'는 아니다. 방언이 만병통치약도 아니고 은사 중에서 가장 좋은 것도 아니다. 다만 그것은 내 약함을 아시고 도우시는 성령님께 생각과 지성과 입술을 의탁하는 순종이라고 믿는다. 방언으로 기도한다는 것은 "나의 모든 것을 성령 하나님께 맡깁니다. 나와 함께 기도해주세요"라는 지극한 겸비謙卑이고 순종이다.

사실, 순종이라면 재완이가 나보다 낫다. 그는 즉물적으로 아이처럼 믿음과 헌신을 드리는 광야 출신인 것이다. 방언을 나눈 후에 나도 더욱 성장하였지만 재완이의 변화는 괄목할 만하였다. 나는 그런 변화들을 모아서 《하늘의 언어》라는 책을 냈다. 이 책에 대해서는 형용할 문장이 없을 정도다. 성령님의 기름부음, 그 인도하심과 역사가 얼마나 예수님의 손과 발이 되게 하는가를 가장 극명하게 체험한 책이다.

'방언'이라는 흠모할 만한 것이 없는 은사와 그 풍경으로 인해 상상할 수 없는 결실들이 나타난 것이다. 그 가운데 동석이와 재완이의 이야기가 사람들에게 큰 영향을 끼쳤다. 재완이처럼 뒤틀리고 남루한 영혼이 성령님을 만나 변화된 이야기는 많은 이들의 심령에 실로암 같은 잔잔한 기름부음을 흐르게 했다.

    이제 재완이는 광화문 거리에서 절망과 허무를 내뱉는 떠돌이가 아니다. 아직 그는 흔들리고 휘청이는 몸짓으로 살아간다. 그러나 그 영혼은 사람들에게 영향력을 끼치는 예수님의 제자가 된 것이다.

사막에 샘이 넘쳐흐르리라

그날에 재완이의 몸은 온전히 치유될 것이다.
세상 모든 뒤틀림, 아픔, 지독한 상처와 눈물은 위로와 희열의 기름부음으로 전환될 것이다.
이제야 그 측량 못할 사랑이, 하늘의 마음이 조금 만져지는 듯하다.

28

방언을 받은 후에 재완이의 기도는 더욱 깊어지고 풍요로워졌다. 목소리도 부드러워졌을 뿐 아니라 인품조차 차분하고 품격이 높아졌다. 무엇보다 영혼을 사랑하는 그 긍휼이 오디(짙은 보라색의 뽕나무 열매)처럼 진해졌으며 선명하게 말씀을 받기 시작했다.

"정말 성령님의 임재란 이런 것이구나. 재완아, 니가 모델이야."

진실로 그렇게 말하였다.

"다 니가 성령님을 알게 해주어서 그런 거야."

역시 끝까지 겸손의 멘트를 날리며 나를 실망시키지 않았다.

무엇보다 확연하고 놀라운 변화는 주님의 음성과 말씀을 깊이 누리게 된 것이다.

재완이는 기도 가운데 주신 말씀을 자주 나누었다.

"주로 시편의 말씀을 주시는데, 2007년에 방언을 받고 예배드리던 중에 갑자기 마태복음 25장을 열어주시더니 그후부터 말씀이 보이기 시작했어."

그가 나눈 말씀들은 어떤 이들에게는 놀라운 능력과 위로로 작용하는 것을 보았다. 광화문의 뒷골목을 떠돌던 '니코틴 정'을 20년 가까이 보아온 나는 거의 혁명과도 같은 변화를 목도하고 있었다.

일산의 어느 교회에 집회를 갔는데 재완이가 날이 흐리다며 따라왔다. 도착해보니 그 교회 목사님이 영적으로 매우 힘들어하고 있었다. 내가 힘든 이유가 무어냐고 물었다.

"교회에 선교사라는 분이 와서 한동안 섬기더니 몇 사람과 세력을 만들어서 목회자를 신임하는 투표를 해야 한다며…."

그러고 보니 예배당에 들어섰을 때 몇 사람들이 모여 있는데 영적인 분위기가 매우 안 좋게 느껴졌다. 이단들이 교회에 침투해 분열시킨다더니, 그런 것은 아닌가 걱정이 되었다. 그전 같으면 교회의 문제에 깊이 관여하지 않으려 했을 것이다.

그러나 성령님이 내 심령을 주장한 후에는 그리스도의 교회에 대한 불타는 열망이 부어졌다. 비록 아직 연약하고 부족하나 교회는 주님의 몸이요, 하나님의 경륜이고 전략이다. 우리는 집회 전에 그 문제를 놓고 함께 기도하였다.

"아까 같이 기도할 때 말씀을 주셨는데 사무엘상 24장 끝 절…."

재완이가 간절히 기도하더니 주님께서 말씀을 주셨다고 말했다.

> 다윗이 사울에게 맹세하매 사울은 집으로 돌아가고 다윗과 그의 사람들은 요새로 올라가니라 삼상 24:22

말씀을 펴서 읽었는데 처음엔 무슨 의미인지 알지 못했다. 사울과 다윗과의 관계에서 하나님이 다윗에게 견고한 왕으로 세울 것을 언약하시는 내용이다. 사울이 악신惡神이 들어 다윗을 죽이려고 쫓아다니던 때이기도 하다. 명확한 의미를 알지 못하나 이 교회의 영적인 상황과 연결되는 것 같았다.

시간이 되어 나는 집회를 인도했다. 영적으로 안 좋은 느낌을 가진 그룹도 구석에서 나를 지켜보고 있었다.

"성령님을 두려워하지 않고 함부로 자기의 유익과 필요와 도구로 사용하는 것은 하나님을 모독하는 일입니다. 우리 하나님 아버지를 함부로, 만홀히 여기면 심판을 받습니다. 두렵고 떨림으로 예수님의 형상, 종의 형상을 가지고 겸비하게 하나님의 나라를 구하는 자에게 성령님이 임하십니다."

유난히 강하고 거친 메시지가 입술에서 토해져 나왔다.

비단 그 그룹만을 의식해서 한 것은 아니다. 그냥 그런 말씀들이 쏟아져 나왔다. 재완이가 역시 크게 "아멘" 하며 화답했다. 모두가 긴장하고 뜨거운 회개의 기도를 하였다. 집회를 마치고 목사님이 앞으로 나오셨다. 그의 얼굴은 무척 상기되어 있었다.

"아까 회개하며 기도하는 가운데 성령께서 강하게 임하셔서 말씀하셨습니다. 오늘 집회 전 교회를 놓고 기도할 때에 김 감독님과 함께 온 재완 형제가 교회를 위한 말씀을 받았습니다. 그런데 갑자기 그 말씀을 다시 하시면서 지금 교회의 영적인 상태를 보여주신 것이라 하셨습니다."

목사님은 외부에서 와서 교회를 섬기는 척하며 세력을 키워 영적인 분열을 꾀한 사울의 세력들을 흩으실 것이라고 선포하셨다. 이것은 놀라운 담대함이었다. 그들은 주님의 교회를 자신들의 이기적인 목적과 교묘한 술수로서 파괴하려 하고 있다고 단호히 말했다. 그전까지 목사님은 그들에게 휘둘리고 공격을 받아 탈진해 있었다. 자기가 개척한 교회에서 내쫓길 위기에 놓여 있었던 것이다.

그러나 다툼으로 해결하다가 교회가 분열할까 염려되어, 참고 섬기려다보니 너무나 큰 고통에 시달린 것이다. 그렇게 위축된 목사님과 기존의 성도들이 집회 가운데 회개하고 성령이 임하시자 용기를 내게 되었는데 그 결정타가 재완이가 받은 말씀이었다.

"이제 말씀처럼 사울의 세력들은 집으로 돌아가고 다윗의 용사들은 영적전쟁을 위해 하나님의 요새로 들어갈 것입니다. 성령께서 그것을 이루실 것입니다."

다음 날, 목사님이 격앙된 목소리로 전화를 했다.

"감독님, 기적이 일어났습니다. 교회를 파괴하려던 세력들이 어젯밤에 갑자기 사라졌습니다. 모두가 짐을 챙겨서 소리 없이 떠났어요!"

"정말이요? 와아! 재완이가 받은 그 말씀이 맞았군요!"

"네, 그동안 이 문제 때문에 저와 성도들이 얼마나 고통이 심했는지 모릅니다. 어떻게 한순간에 해결이 되었는지 거짓말 같습니다. 하나님의 말씀이 정말 놀랍네요."

이 사건은 재완이를 더욱 새롭게 보는 놀라운 일이었다. 그리고 하나님의 말씀을 깨닫는 것이 얼마나 중요한 것인지를 실감하게 해주었다. 성령님이 열어주신 말씀 하나가 주님의 교회를 악惡의 손에서 구한 것이다.

29

일본 미야자키로 집회를 가기 전에 함께 기도하는데 재완이가 말했다.

"환상 가운데 가시면류관이 보였어. 거기서 보혈이 흐르는데 주님의 보혈이 생명이고 그것이 아이템이라고 하셨어."

기도모임 가운데 하나님나라를 위하여 비지니스를 하는 동지들이 많이 생겼다. 그래서 자주 사업 아이템을 놓고 기도하며 주님의 뜻과 방향을 구했다.

"가시면류관? 보혈이 사업 아이템이라고? 그게 도대체 무슨 말이지…."

"가시면류관은 가시나무로 만드니까 가시나무가 아이템이 될 거야."

무슨 선지자처럼 그렇게 툭 선포를 해버리자 모두가 '뜨악' 했다.

'가시나무가 사업 아이템이라니….'

그전처럼 엉뚱한 소리 말라며 무시할 수가 없는 입장이었다. 그도 그럴 것이 미야자키로 가는 일도 재완이를 통해서였다. 당시 나는 강력한 주님의 손에 붙들려 생각지도 않은 일본을 섬기게 되었다.

지극히 높은 곳에 계시다가
지극히 낮은 곳에 오신
영광의 빛이여

재완이도 나를 따라다니며 일본에서 시를 쓰고 뜨거운 기도를 했다.

일본에 가게 된 것도 참으로 베들레헴의 코드였다. 2006년 봄에 부흥을 꿈꾸는 청년들 집회에 갔다가 강력한 회개의 영을 만났다.

"부흥은 예수 그리스도입니다. 주님이 내 안에 사시는 것이고 그로 인해 그분이 하신 일들을 하는 것입니다. 이 능력을 주시는 분은 성령님이십니다. 그 부흥 외에 다른 부흥을 구했다면 회개합시다."

이렇게 말하는 순간, 집회 장소에 성령이 부어졌다. 모두가 회개의 영에 쓰러지고 무릎을 꿇고 뒹굴며 회개하였다.

"아버지, 아빠, 아버지…."

나의 회개는 이것이었다. 수없이 아버지만을 구하고 부르는 것.

너희가 아들이므로 하나님이 그 아들의 영을 우리 마음 가운데 보내사 아빠 아버지라 부르게 하셨느니라 그러므로 네가 이후로는 종이 아니요 아들이니 아들이면 하나님으로 말미암아 유업을 받을 자니라 갈 4:6,7

'아들의 영靈'이신 성령님이 임하시면 우리의 영과 혼이 하나님을 "아빠, 아버지"라고 부르짖게 된다. 오직 아이처럼 아빠를 찾고 매달리고 신뢰하는 것이다. 그날 내게 임한 회개는 그것이었다.

집회를 마치고 돌아오는 고속열차 안에서도 내 영은 계속 '아빠'만을 찾았다. 풀들 사이로 흐르는 시내처럼 하나님을 향한 그 갈구가 내 영을 뚫고 쏟아져 나왔다. 참을 수가 없어서 나는 기차 통로 칸으로 가서 다시 기도하였다.

'하나님 나의 아버지, 나의 아빠… 내 영혼의 가장 간절한 소망이 있습니다. 아버지께서 가장 이루시기를 기뻐하시는 그것을 제게 보이시면 이 아들이 생명을 다해 이루겠나이다.'

그저 단순한 기도 같지만 진정 이것은 놀라운 부흥이었다.

이후부터 나의 모든 관점과 열망은 '아버지의 기쁘신 뜻'으로 변화되었다. 말 그대로 '회개'悔改한 것이다. 성경이 말하는 '회개'란 아버지의 뜻, 마음, 길로 나를 돌이키는 것이다. 개념으로만 알던 그 회개가 나타나자 놀라운 역사들이 열리기 시작했다.

그 첫 번째 응답이, 아버지가 가장 기뻐하시고 이루시기를 원하신 것이 바로 일본을 섬기는 것이었다. 이것은 생각조차 못했다. 기도를 하고 이튿날 즉각적으로 응답이 왔는데, 일본 나가노長野의 시골에 사는 한 자매가 내게 편지를 보낸 것이다.

그 자매는 불법체류자로 술집에 다니는 아가씨들을 상대로 미용실을 운영하고 있었다. 그렇게 번 돈으로 어려운 곳에 헌금을 하는 재완이와 같은 사람이다. 그런데 어느 날, 헌금을 받은 한 사역자가 그녀에게 성탄 선물을 보냈다. 내 책《가난한 자는 복이 있나니》였다.

눈물로 밤을 새워 다 읽고, 다음 날 다시 밑줄을 그으며 읽었습니다. 제게 임한 아버지의 사랑을 술집에 다니는 아가씨들에게 나누고 싶습니다. 감독님, 이곳은 사마리아와 같은 곳입니다.

편지에는 볼펜으로 꾹꾹 눌러쓴 문장들이 들어 있었다. 아버지 사랑을 나누고 싶은데 책이 없다는 것이다. 나는 더 견디지 못하고 밖으로 뛰쳐나가 한적한 공원 숲에 숨어 한없이 울었다.
그동안 수없이 '사마리아'로 가기를 구했기 때문이다.

오직 성령이 너희에게 임하시면 너희가 권능을 받고 예루살렘과 온 유대와 사마리아와 땅끝까지 이르러 내 증인이 되리라 하시니라 행 1:8

나는 아이들조차 외우는 이 단순한 주님의 명령이 부흥의 본질이요 전략이라 믿었다. 아니, 부흥의 길을 가르쳐달라고 구할 때에 이 말씀을 주셨다. 주님의 말씀은 한 구절 한 구절이 위대하고 엄청난 것이다. 익숙하고 가까이 있는데도 그 가치를 알지 못할 뿐이다. '진리의 영'이신 성령님의 역사로 그 수건을 벗겨내지 못해서다. 나는 '예루살렘'이라는 내 주변에 그리스도의 증인으로 서기 시작했다. 많은 주변의 친구들, 후배들이 성령세례를 받고 변화되었다. 그리고 '온 유대', 전국 구석구석의 교회와 단체를 다니며 그리스도라는 부흥을 나누는 증인이 되었다.

'그 다음은 사마리아로 가야 한다.'

늘 그 갈망을 가지고 간구하였다.

> 사람이 떡으로만 살 것이 아니요 하나님의 입으로부터 나오는 모든 말씀으로 살 것이라 하였느니라 하시니 마 4:4

성령님께서 우리를 광야로 몰아내시는 이유는 바로 이 삶을 살게 하기 위해서다. 예수님께서 광야로 가셔서 체득하신 것이 '떡이 아닌 말씀으로 사는 삶'이다. 그후부터 나는 오직 말씀 그대로 살아야 한다고 믿었다. 그래서 사마리아로 가기를 구했다. 그런데 일본의 가장 변방의 가장 작고 이름 없는 여인에게서 '사마리아'로 오라는 냉수 같은 기별이 온 것이다. 참으로 아버지의 역사는, 진리가 이끄는 길은 놀랍고 신기하고 아름답다.

그리하여 일본이 열리고 무수한 동지들과 주님이 예비하신 곳에서 기도와 섬김으로 증인이 되었다. 나가노에서 만난 이들에게 최춘선 할아버지의 맨발을 보여주고 아버지의 사랑을 나누었다.

그 자매들은 물론이고, 무감無感하다는 일본의 형제들도 울고 뜨겹게 서로 포옹하여 기도했다. 그후에 나와 무수한 동지들이 일본 땅을 밟으며 측량할 수 없는 아버지의 사랑을 누렸다. 겉모습과 달리 일본은 지구상에서 영적으로 가장 어두운 땅이다. 그들을 향한 아버지의 뜨거운 애통은 거대한 강물이었다. 일류 선진국이지만 그 영혼과 육신은 어둠의 세력들에 의해 묶이고 사로잡혀 있었다. 심지어 소수의 크리스천들과 선교사님들까지도 여전히 힘거운 싸움을 하고 있었다.

나는 손기철 장로님께 부탁하여 그들을 위한 작은 집회를 열었다. 우에다라는 곳에서 집회를 하는데 한 외국인이 허리가 몹시 아프다며 기도를 받았다. 그는 이 변방의 땅에 찾아와 섬기는 선교사였다. 그는 내가 나눈 영상과 간증에 호기심을 가지고 교제를 청했었다. '아리엘'이라는 특이한 이름을 가진 그 사람을 나는 후에 이스라엘에서 만났다. 그것은 측량 못할 아버지의 섭리였다.

일본은 사마리아요, 또 하나의 광야였다. 성령님은 그렇게 우리를 광야로 인도하셨다. 우리 아버지가 가장 이루고 싶으셨던 것은 그 황야 같은 사막에 샘물이 나고 치유가 일어나는 것이다. 얼마나 많은 눈물과 간증과 주님의 긍휼이 나타났는지 모른다. 동행한 무수한 영혼들이 그 섬김으로 변화를 경험했다. 재완이도 함께 성령 안에서 춤추고 시 쓰고, 자매들의 손을 잡고 기도하였다.

성령이 오셨네

내 몸에 오셨네

나 고쳐주려고 오셨다

세상의 하나 뿐인 나 창조하셨다

나 사랑하사 오셨다

"예수님이 갈릴리에 먼저 가서 기다리시겠다고 하시네. 그 말씀을 주셨어. 바닷가에서 부르시나봐."

나가노를 섬긴 후에 다시 일본으로 가라는 응답을 받고 기도 중이었다. 그런데 같은 제목으로 기도하던 재완이가 말했다. 그것은 부활하신 후에 제자들에게 갈릴리로 먼저 가서 기다리신다고 하신 그 말씀이었다. 감感을 잡을 수는 없었으나 무슨 뜻이 있겠지 하고 잠잠히 기다렸다.

며칠 후에 일본 미야자키宮崎에서 노나까라는 젊은 목회자를 만났다.

"미야자키는 일본 남부의 바닷가에 있습니다."

노나까 목사님이 이렇게 말했을 때 나는 깜짝 놀랐다. 주께서 갈릴리에서 기다리신다는 재완의 말이 생각난 것이다.

"그곳은 갈릴리 같은 곳입니까?"

"그렇지요. 갈릴리지요. 제가 섬기는 성도들도 다 마약을 하다 자살 직전에, 가장 밑바닥에서 주님을 만난 사람들입니다."

내 영혼이 감탄하는 소리를 들었다.

'미야자키로 가라는 거구나.'

나는 재완이를 통해 응답을 주셨음을 확신했다.

노나까 목사님은 우리처럼 빈 들에 선 선지자와 같은 분이었다.

"교회도 아닌 전도소傳道所에서 사역을 하고 있습니다. 세상에서 가장 영적으로 어렵다고 하는 일본, 그중에서도 가장 변방에서 싸우고 있습니다."

그와 교제하며 진실한 하나님의 사람임을 느낄 수 있었다. 그렇게 우리는 전혀 알지도 못하던 미야자키로 가게 되었다.

30

"가시나무가 아이템이래. 일본에 가면 그것을 볼 수 있을 거야."

미야자키로 가기 전에 동지들과 기도하는 가운데 재완이가 말했다.

"십자가에 달리셔서 가시면류관을 쓰신 주님을 보았어. 온몸에 피를 흘리시는데… 그 십자가도 면류관도 가시나무야."

재완이가 받은 응답들은 처음에 확신하기가 어려운 것들이 대부분이다. 무슨 의미인지 손에 잡히지는 않는다. 그래서 때로 나의 무시를 받기도 하였다. 그러나 그 말씀으로 인하여 역사들이 일어나는 것을 보고 나는 그 말을 가슴에 새겨두었다.

드디어 동지들과 미야자키로 향했다. 도착하자마자 노나까 목사님이 우리를 해안가로 데려갔다. 거기서 도시락을 먹자는 것이다.

"혹시 이 근처에 식물원이나 나무가 많은 곳은 없나요?"

나는 재완이가 말한 '가시나무'를 염두에 두고 혹시나 해서 물었다. 어느 조개에서 진주가 나올지 모르니 일단 열어 보아야 한다. 그것이 틀리더라도 그 순종과 시도한 수고는 결코 헛되지 않다고 믿는다.

"아, 바닷가 바로 앞에 아주 좋은 식물원이 있습니다. 거기서 점심을 먹지요."

바닷가에 식물원이 있는지는 전혀 알지 못했다.

그렇게 하여 도중에 작은 식물원에 들어가서 잔디밭에서 도시락을 먹었다. 잔디밭을 둘러싼 큰 나무들이 한가지였는데 처음 보는 것이고 매우 독특했다.

"감독님, 저거 가시나무인데요. 나무마다 큰 가시들이 잔뜩 박혀 있어요."

동행한 서강대 이승엽 교수가 말했다. 자세히 보니 정말 그랬다. 우리는 나무 가까이로 다가갔다. 거대한 나무줄기와 가지에 큰 가시들이 가득했다.

"이 나무는 남미가 원산지라고 되어 있는데요. 거기서 미야자키에 선물을 한 것으로 되어 있네요."

노나까 목사님이 설명서를 보고 알려주었다. 미야자키가 남쪽의 따스한 곳이니 남미에서 선물한 것 같다는 말이었다. 우리는 재완이가 응답을 받은 가시나무를 만난 감격에 사로잡혀 그 나무를 촬영하거나 살펴보았다. 식물원 한가운데 잔디밭을 이런 독특한 가시나무가 둘러싸고 있을 줄이야 누가 알았겠는가?

숙소에 돌아온 우리는 그 나무를 알아보기 위해 인터넷 검색에 들어갔다. 다양하게 자료를 찾은 결과 그것은 '케이폭'kapok이란 가시나무였다. 그 나무가 가장 많은 곳은 인도네시아, 캄보디아 등이었다. 나무 열매에서 나오는 솜으로 천연섬유를 뽑아 아토피에 좋은 의류, 이불, 구명조끼 등을 만든다고 되어 있었다.

"아니! 이럴 수가! 인도네시아에서 집회 요청이 와 있네요. 케이폭 나무가 가장 많다는 곳에서요. 어떤 연결고리를 주시려나봐요."

노트북을 빌려 메일을 보던 나는 깜짝 놀라 말했다.

인도네시아의 한인교회에서 집회를 해달라는 요청이 와 있었다.

그 메일에는 삼 년 동안 몇 번 요청했는데 내가 일정이 안 맞아 수락하지 않았다고 되어 있었다. 나는 즉각 집회에 가겠다고 답을 보냈다. 재완이가 말한 가시나무를 보기 위해서라도 이번에는 가야겠다고 생각했다.

나는 그 이야기를 일본의 목회자들과 성도들에게 나누었다.

"가시로 만든 면류관을 쓰신 만왕의 왕, 구세주 우리 주님. 그분이 흘리신 물과 피로 우리를 살리시고 구원하신 하늘의 전략, 그 사랑이 오늘 우리에게도 능력이요 승리입니다. 그 사랑이 우리를 이 땅으로 오게 했습니다."

내 간증은 상당한 반응을 불러일으켰다.

미야자키에서 만난 가시나무는 강한 성령님의 임재의 촉매제가 되었다. 많은 목회자들, 성도들이 뜨거운 은혜를 체험하였다. 일본에서 보기 드문 성령의 임재와 기름부음이 있었다. 재완이가 받은 응답으로 인해서 미야자키에서 하나님의 인도하심을 깊이 누리게 된 것이다.

얼마 후 나는 인도네시아에 집회를 갔다.

"감독님… 이것이 케이폭 나무입니다."

집회 후에 만난 현지 교회 권사님이 무언가를 전해주었다.

"아니, 어떻게 이걸…."

내가 당황해 하자 이미 인터넷에서 '가시나무'에 대한 내 글을 읽고 케이폭 나무와 그 열매, 솜들을 구해서 가져오셨다는 것이다. 나는 그 부드러운 솜을 만지며 따스한 주님의 손길을 느꼈다.

'가시나무의 열매는 이토록 따스하고 부드러운 것이구나.'

문득 그런 생각이 들었다. 교회 성도들과 함께 케이폭 나무가 있는 농장에 가서 기도하고 촬영하며 어떻게 갑자기 '가시나무'에 이렇게 천착하게 되었는지 묘한 기분이 들었다. 그후에도 가시나무와 연결된 무수한 일들이 있었다.

그후 오래 꿈꾸던 이스라엘에 가서 촬영하게 되었다. 거기서도 무수한 가시나무를 만났다. '가시면류관', '법궤', '십자가' 등이 대부분 가시나무 일종의 나무들로 만들어졌음을 알았다.

'가시면류관은 가시나무로 만들어졌어. 그것으로 보혈이 흘려졌고 가시나무와 보혈이 우리 사업 아이템이야.'

나는 이 글을 쓰면서 재완이가 처음 응답을 받고 말한 것을 적은 놓은 노트를 다시 찾아보았다. 가시나무도 중요하지만 '가시면류관'과 '보혈'이 '사업 아이템'이라고 씌어 있었다.

문득, 몇 년 전 광화문에서 장사가 안 되어 함께 사업 아이템을 찾던 것을 생각했다. 그때는 나도 어떻게 하면 주님의 손과 발이 될 것인가를 깊이 고민했었다.

'이것이 우리가 찾던 진정한 아이템이 아닐까?'

동시에 '몇 년 전의 그 작은 갈망이 이렇게 연결될 수 있을까' 하는 의문이 들었다. 순간, 영혼의 계곡을 타고 흐르는 잊혀진 아주 작은 이야기가 생각났다.

2006년, 《부흥의 여정》을 쓰던 어느 날 새벽이다.

지독한 독감으로 거의 며칠을 글을 쓰지 못하고 탈진하여 있었다. 새벽에 세미하게 주님께서 부르시는 음성을 들었다. 나는 무거운 몸을 추슬러 어두운 골방에 쓰러지듯 엎드려 주님을 불렀다.

'주님, 너무 힘이 듭니다. 글을 완성해야 하는데 너무 힘이 듭니다. 도와주세요.'

그때였다.

'우현아….'

어둠 깊은 곳에서 어떤 따스한 물줄기가 하나 출렁이듯 음성이 들려왔다. 그것은 확인하지 않아도 알 수 있는 예수님의 음성이었다.

'네, 주님… 저 여기 있습니다.'

'네가 어렸을 적에 나의 풍경을, 천국의 풍경을 그리는 화가가 되게 해달라고 기도했었지?'

'네에? 아니 어떻게 그것을!!'

갑작스러운 말씀에 주인 없는 무덤처럼 잊혀져버린 중학교 3학년 때의 희미한 기억이 떠올랐다. 매일 아침 산등성이를 넘어 학교에 가면서 연한 아침빛에 빗대어, '주님의 풍경을 그리는… 천국의 풍경을 그리는 화가가 되게 해주세요'라고 기도했었다.

'어떻게 그것을 다 아실까?'

이런 생각이 잠시 들었지만, 말씀하시는 분은 예수님이신 것이다.

'내가 지금 너의 그 기도를 응답했단다. 천국의 화가로 만들어주었단다.'

처음에 그 말씀이 무슨 뜻인지 이해할 수가 없었다. 나는 지금 그림을 그리는 화가가 아니다.

'우현아, 나는 너를 나의 풍경을 그리는 영상화가映像畵家로, 작가로 만들었단다. 나의 풍경은 너의 재능과 감각만으로 그려낼 수가 없다. 그것은 나처럼 십자가를 지고 고난의 골짜기를 통과해야 얻어지는 것이다. 그래서 나는 너에게 십자가의 길을, 가시나무를 헤치고 가야 하는 그 길을 허락해야 했단다. 나의 풍경을 그리는 진정한 화가가 되게 하기 위해서, 너의 그 기도에 응답하기 위해서…. 우현아, 그런 나를 용서할 수 있겠니?'

이건 정말이지 상상하지 못한 말씀이었다. 중학교 3학년 철부지의 기도를 잊지 않으시고 응답하시는 주님이시라니…. 내가 이해할 수 없었던 음부의 구덩이, 황무한 나날들이 당신의 풍경을 체득하기 위한 응답이었다니…. 나는 그 사랑에 감격하여 울고 또 울었다.

그 음성을 듣고 나는 엄청난 힘을 얻어 《부흥의 여정》을 완성했다. 사실, 그날 글을 쓰는데 '베들레헴의 코드'가 더욱 깊이 열렸다. 이 책은 지금도 수많은 이들을 일으키고 본질로 나아가게 하는 천국의 에너지로 사용되고 있다. 집회를 다니고 촬영을 하면서 이 책이 끼친 영향을 보게 된다. 어느 시골 구석, 해외의 낯선 곳에서 하나님나라를 붙들고 헌신하는 자들에게 얼마나 큰 위로와 힘을 주고 있는지 모른다.

어쩌면 재완이가 받은 그 응답은 다른 사업에 대한 것, 우리들이 진정으로 찾던 하늘의 아이템인지도 모른다. 그것은 가시나무로 된 십자가다. 가시면류관이다. 보혈이다. 주님 가신 길이다.

후에 나는 성령님의 인도하심으로 '땅끝' 이스라엘 땅에 자주 가게 되었다. 하나님은 '사마리아'인 일본을 넘어서 그리스도의 복음이 시작된 땅으로 가게 하셨다. 오랫동안 내 안에 그리움으로 사무치던 갈릴리와 광야, 에레모스(빈 들), 베다니의 마을을 나는 걸었다. 카메라에 꾹꾹 눌러 담았다. 예수님의 여정과 발자취를 쫓아 다큐멘터리를 만들고 글을 쓰는 길에서 주님이 시험을 받으신 광야로 가게 되었다.

다시 오실 주님의 길은 '광야'와 '사막'에서 예비해야 한다.
이제 나는 이 광야에서 다시 오실 주님을 기다리고 있다.

"이 나무가 바로 가시면류관을 만든 나무입니다. 주로 이곳에서 서식하는 것이지요."

광야 투어를 인도하는 유대인 가이드가 그렇게 말했다. 예수님이 시험 받으신 광야에 자라는 나무들이 놀랍게도 거의가 가시나무였다.

'이것이 바로 우리들이 진정으로 찾던 아이템이구나.'

그때 전혀 생각지 않았던 한 풍경이 떠올랐다.

눈이 펑펑 내리던 그날, 누나가 도망을 가버린 길을 따라 가다가 찔레나무 앞에서 '공생애를 살게 해주세요'라고 기도한 그것이다. 그 찔레나무가 갑자기 생각났다. 그것도 일종의 '가시나무'였다. 그 밤에 내가 밤새워 판화를 파며 들은 노래가 〈가시나무〉이다.

이삭을 위해 대신 제물로 예비된 수양은 '가시떨기'에 그 뿔이 걸려 있었다. 그것은 우리를 위해 예비된 어린 양 예수님이다. 그 뿔은 희년禧年을 상징하며 거기에 '기름'을 담아 붓는 것이다. 모세는 이 찔레, '가시 떨기나무'가 불타는 곳에서 하나님을 만났다. 그리고 신을 벗고 '맨발'이 되었다. 맨발의 최춘선 할아버지도 '역사상 가장 위대한 십자가의 초대'를 외치셨다. 그 십자가도 가시나무다.

'가시나무가 우리의 아이템이라고 하서…'

주님의 손과 발이 되고 싶은 갈망을 거리에, 광야에 흩뿌리고 굴

러온 우리들의 청춘에 이 가시나무는 항상 함께 있었던 것이다. 그것이 우리의 아이템이다. 광야의 가시나무 아래서 나는 주님의 말씀을 받았다.

> 외치는 자의 소리여 이르되 너희는 '광야에서' 여호와의 길을 예비하라 '사막에서' 우리 하나님의 대로를 평탄하게 하라 사 40:3

다시 오실 주님의 길은 '광야'와 '사막'에서 예비해야 한다.

나는 왜 성령께서 예수님을 광야로 내모셨는지를 이해했다. 왜 그토록 그리스도의 손과 발이 되고자 갈망한 내게 '광야'로 가게 하셨는지도. 나는 광야에서, 사막에서 들풀 같은 친구들을 만나 나도 모르게 주님을 배우고, 그 길을 예비하고 있었던 것이다.

이스라엘에게 요구하신 나를 낮추고, 비우고 겸비謙卑한 복종의 그리스도를 형상화形象化한 것이다. 거기서 체득된 '지극히 작은 자 하나'와 '베들레헴의 코드'를 통해서 나는 하나님나라의 통로가 될 수 있었다. 그 작은 손과 발이 될 수 있었다.

> 그때에 저는 자는 사슴같이 뛸 것이며 말 못하는 자의 혀는 노래하리니 이는 광야에서 물이 솟겠고 사막에서 시내가 흐를 것임이라 사 35:6

이제 나는 이 광야에서 다시 오실 주님을 기다리고 있다.

그날에 재완이의 몸은 온전히 치유될 것이다. 세상 모든 뒤틀림, 아픔, 지독한 상처와 눈물은 위로와 희열喜悅의 기름부음으로 전환될 것이다. 이제야 그 측량 못할 사랑이, 하늘의 마음이 조금 만져지는 듯하다.

후에 재완이와 함께 이스라엘에 갔다. 갈릴리와 요단강, 광야와 베다니에서 재완이는 춤을 추고 시를 썼다.

사랑 완전한 사랑
이 세상에서
단 (한) 사람이 완전한
사랑하고 가셨다
광야에서 사막에서 그렇게 걸어가셨다
그는 다시 오겠다고 한다
그 사랑을 완성하기 위해서
온 세상 아픔 다 치유하기 위해서
나 이 광야에서 다시 그를 기다리리

예수님의 땅으로

우리를 이스라엘로 인도하신 이유는 다시 오실 주님의 길을 예비하기 위함이다.
'이스라엘의 회복'이 예수님이 다시 오시는 것의 가장 중요한 조건이었다.
그것이 주님의 약속이요, 아버지의 마음이다.

31

성령님에 이끌려 일본의 변방을 다니며 어떤 홍수로도 끌 수 없는 불같은 아버지의 사랑과 주님의 마음을 만졌다. 2007년 여름 수백 명이 일본의 나가노에 모여 그 땅의 어둠을 뚫는 기도를 드렸다. 손기철 장로님, 여진구 대표, 여러 사역자와 하나님나라의 작은 개미떼들이 뜨거운 간구를 올렸다. 재완이도 거의 춤을 추듯이 몸을 흔들며 기도하였다. 세상에서 영적으로 가장 묶이고 힘겨운 이웃의 고통을 부둥켜안고 간구를 올렸다.

일본을 향한 그 기도의 응답은 놀랍게도 '이스라엘'이었다.

성령님은 우리의 지각知覺과 생각을 넘어서신다. 정말 상상 이상이다. 그 작은 충성에 '뜻이 하늘에서 이루어진' 그 새로운 땅, 열방을 열어주신 것이다. '하나님을 사랑하는 우리를 위해서 예비하신 그 나라'(고전 2:9,10)이다.

그 나라는 우리가 측량하기 어렵다. 그것은 오직 아버지의 뜻으로만 열린다. 하늘에 이미 그 놀라운 뜻들이 이루어져 있다. 그 땅을 기업으로 얻는 길은 온유한 자가 되는 것이다. 자기를 부인하고 오직 아버지의 뜻을 기뻐하며 온 영과 맘으로 받는 순전한 그 성품이다.

여러 가지 상황들이 합력하여 이스라엘로 순식간에 우리를 견인牽引했다. 왜 이스라엘로 가야 하는지도 선명히 붙잡지 못한 채 강권적으로 그 땅으로 인도된 것이다.

"광야로 가게 해달라고 매일 기도했더니 정말 광야로 데려오셨나보다."

나는 재완이에게 가끔 농담처럼 그런 말을 하였다.

광야에 외치는 자의 소리가 있어 이르되 너희는 주의 길을 준비하라 그가 오실 길을 곧게 하라 하였느니라 마 3:3

예수님의 공생애가 시작된 요단의 세례터로 가는 길에 이 말씀이 예언처럼 내 영에 부어졌다. 성령께서 우리를 이스라엘로, 광야로 이끄신 이유는 다시 오실 주님의 길을 예비하게 하기 위함이었다. 성령님께서 들려주시는 그 음성에 나는 어쩌지 못했다. 너무나 강력한 부르심이어서 어떤 설명이나 이유도 거추장스러울 정도였다. 그때에 고등학교 시절에 관심을 가졌던 말씀이 다시 내게 다가왔다.

무화과나무의 비유를 배우라 그 가지가 연하여지고 잎사귀를 내면 여름이 가까운 줄을 아나니 이와 같이 너희도 이 모든 일을 보거든 인자가 가까이 곧 문 앞에 이른 줄 알라 마 24:32,33

주님께서 말씀하신 '무화과'는 단연 '이스라엘'을 가리킨다.

그런데 원문으로 이 무화과란 말 앞에는 정관사 'the'가 붙어 있다. '그the 무화과나무의 비유'를 배우라는 것이다. 나는 예수님이 지적하신 이 말씀 앞에 나오는 무화과의 비유를 찾아보았다. 그리고 전율하며 놀랐다. 그것은 바로 베다니의 그 '처음 열매를 맺지 못한 무화과'였다(마 21:18-20, 막 11:12-14, 눅 13:6-9).

베다니에서 예루살렘으로 가시던 주님은 시장하여 길가의 무화과에서 열매를 찾으셨다. 그러나 그 나무는 잎만 무성할 뿐 열매가 없었다. 예수님이 찾으신 열매는 유월절 즈음, 즉 봄에 열리는 처음 익은 무화과였다. 그 열매는 크고 화려하지 않지만 허기진 나그네나 가난한 이들, 짐승들의 먹이로 유용하였다. 마치 베들레헴에서 보아스가 룻을 위해 떨어진 이삭을 줍지 말도록 한 것과 같다. 거기엔 가난한 이들을 위한 아버지의 마음이 배어 있다. '지극히 작은 자 하나'를 위한 배려였다.

그러나 그 나무는 열매를 맺지 못했다. 예수님은 그것을 심판했고 나무는 뿌리까지 말라버렸다. '그 열매 맺지 못한 무화과의 비유'를 배우라는 것이다. 이것은 당시 하나님이 찾으시는 '처음 익은 무화과'조차 맺지 못한 이스라엘을 의미한다. 주님은 예루살렘 성으로 들어가셔서 화려한 성전에서 형식을 갖추어 제사를 드리고 율법을 공부하고 예배하지만 한편으로는 거기서 장사하고 매매하는 제사장들과 관원들을 뒤엎으셨다. 그리고 앉은뱅이와 소경, 나병환자를 고치셨다. 오히려 젖먹이와 어린아이의 찬양을 높이셨다. 모든 외식과 형식, 율법의 치장들을 걷어내신 것이다.

가난하고, 낮고, 연약한 자들을 품지 못한 이스라엘을 대신하여 그 열매를 거두신 것이다. 그리고 거대한 성전이 무너지고 이스라엘이 흩어질 것을 예언하셨다. 정말 그 말씀대로 성전은 무너지고 이스라엘은 뿌리가 뽑혀 이천 년을 방랑했다.

내 마음에 사모하는 처음 익은 무화과가 없도다 미 7:1

이것이 하늘의 탄식이었다.

예수님이 무화과를 저주하신 것은 이 말씀을 이루신 것이다. 그런데 주님은 다시 그 뿌리가 뽑혀 말라버린 무화과가 가지가 연해지고 잎사귀를 낼 것이라고 하셨다. 심판을 받아 죽은 것처럼 버려진 이스라엘이 다시 일어선다는 것이다. 그러면 주님이 오신다는 것이다. 나는 이 말씀을 잠잠히 붙들었다.

우리를 이스라엘로 인도하신 이유는 다시 오실 주님의 길을 예비하기 위함이다. '이스라엘의 회복'이 예수님이 다시 오시는 것의 가장 중요한 조건이었다. 그것이 주님의 약속이요, 아버지의 마음이다.

내가 먼저 몇몇 동지들과 그 땅에 가서 기도하고 촬영하는 동안 재완이는 헌금과 기도로 힘을 보태면서, 자기도 그 땅에 데려가기를 몹시 바랐다.

"야, 나도 가고 싶다야! 갈릴리는, 광야는 어떻디?"

나도 재완이와 같이 가고 싶었으나 기회가 되지 않았다. 그 사이에 재완이는 인도, 일본으로 가서 기도하였다. 그러다가 일본, 미국, 한국에서 이스라엘을 위해 기도하는 동지들과 연합하여 다시 그 땅에 가는 기회가 생겼다. 재완이는 가장 먼저 여행 경비를 지불하였다. 그리고 다른 어려운 이를 위해서 약간의 헌금까지 보탰다. 그런 비용을 길거리에서 액자를 팔아 모으려면 정말 쉽지 않다.

"재완아, 그렇게 많은 돈을 이렇게 써도 되는 거냐? 여기다 다 써버려도 되는 거야?"

나는 걱정이 되어 물었다.

"걱정하지 마. 우리 주님께서 걸어가신 그 땅을 가는데 반드시 대가를 지불하고 가야지…."

재완이의 이런 마음은 대체 어디서 솟아나는 것일까? 그렇게 찾아간 이스라엘에서 가장 신나고 흥분하고 기뻐한 것은 역시 재완이였다.

놀랍게도 함께 모여 집회를 할 때 이스라엘에서 이 일을 준비한 이가 바로 '아리엘'이다. 이것은 참으로 놀라운 주님의 손길로 만들어진 작품이다. 예기치 않은 이스라엘로 인도함을 받았을 때, 그 땅에서 동역자로 세워준 이가 아세르 인터레이트 목사였다. 그는 유대인으로 하버드대학에 수석으로 입학한 뛰어난 사람이었다. 자신의 존재 이유와 삶의 의미를 고민하던 그에게 예수님이 기적적으로 나타나셔서 구원을 얻게 하셨다.

그리고 '메시아닉 쥬'(Messianic Jew, 예수님을 믿는 유대인)의 대표적인 사역자가 되었다. 성령님의 중매로 이스라엘에 가면 그의 팀들과 만나 예배를 드리고 이스라엘의 회복을 위해 기도하곤 했다. 그런데 어느 날, 누군가가 나를 자꾸 쳐다보는 것을 느꼈다. 집회가 끝나고 누군가 "김 피디님" 하며 한국 말로 인사를 했다. 알고 보니 바로 일본의 우에다에서 만난 '아리엘'이었다.

"기도하는데 갑자기 중요한 일이 있으니 일본으로 돌아가지 말라고 하셔서 항공권을 연장하고 기다렸는데, 감독님을 만났네요. 정말 기적입니다."

그가 흥분된 표정으로 말했다. 더 놀란 것은 나였다. 유대인이었던 그는 인터레이트 목사님의 중요한 동역자였다.

'어떻게 이런 일이… 그 사람을 이스라엘에서 만나다니! 그리고 아리엘이 유대인이라니….'

성령님께서 우리의 만남을 주선하시기 위해서 일본에서부터 만나게 하신 것이다. 그것이 인연이 되어 우리는 가장 절친한 동역자가 되었고 집회도 함께 준비하게 된 것이다. 참으로 성령님의 역사는 아름답기까지 하다. 일본이라는 광야에서 씨를 뿌려 이스라엘이라는 광야에서 싹을 틔운 그 역사는 지금도 열매로 나타나고 있다.

이른 아침, 갈릴리 호숫가에 묵상하러 나갔더니 재완이가 먼저 나와서 쭈그리고 앉아 시를 쓰고 있었다.

이제 갈릴리를 떠나면
언제 올 줄 모른다
다시 오겠지
작은 꽃이 아름답다

아무도 쳐다보지 않는다

바다 갈릴리에서 난 오늘 배 탔다
건너 마을 가버나움에 갔었다
가는 중에 예배도 드리고 찬양도 드렸다
그중의 한 자매가 예수님 생각하며
눈물 흘린다 그의 모습이 좋다

예수님의 흔적이 더욱 묻어 있는 갈릴리에서 재완이는 흥분하였다. 그리고 역시 자매 사랑을 잊지 않고 그들의 눈물을 살피고 손을 잡고 기도해주는 일도 게을리하지 않았다.

"재완이는 왜 그렇게 이곳에 오고 싶었니?"

그동안 가지 않았던 베다니를 어렵게 찾아갔다. 재완이에게 그곳을 보여주고 싶었다. 거기를 다녀오며 물었다.

"응, 이스라엘이 회복되면 예수님이 오신다고 했잖아. 그러니 이 땅을 밟고 성령님이 임하시기를 기도해야지. 시도 쓰고…."

"예수님이 재림하시면 좋냐?"

"그러엄… 좋구 말구!"

갑자기 손을 세우더니 힘주어 말한다.

"우선 우리 신랑이시니까 너무나 보고 싶고, 그날이 되면 눈물도, 상처도, 아픔도 싹 없어진다고 하니까… 세상의 그런 고통이 사라질 테니까."

그 말에 갑자기 가슴이 갈대처럼 흔들리며 울컥하는 기분이 들었다. 성령님께 이끌려 이스라엘을 여러 번 찾아왔지만 회복에 대한 열망만 가졌지 재완이와 같은 생각을 하진 못했다.

내가 들으니 보좌에서 큰 음성이 나서 이르되 보라 하나님의 장막이 사람들과 함께 있으매 하나님이 그들과 함께 계시리니 그들은 하나님의 백성이 되고 하나님은 친히 그들과 함께 계셔서 모든 눈물을 그 눈에서 닦아주시니 다시는 사망이 없고 애통하는 것이나 곡하는 것이나 아픈 것이 다시 있지 아니하리니 처음 것들이 다 지나갔음이러라 계 21:3,4

나는 이 말씀을 펼쳐 눈도장을 찍듯 꾹꾹 눌러 읽었다.
예수님의 재림은 이 땅의 모든 고통과 어그러짐을 펴는 일이다. 거기에 내 친구 재완이와 나도 포함되는 것이다. 성령님께서 이스라엘로 와서 기도하게 하신 가장 절실한 이유를 나는 재완이에게서 배웠다.

"주님이 오시면 우리 재완이 몸도 회복되겠네?"

"그렇지. 뒤틀린 몸도 쫙 펴지고 하늘로 날아다니지. 천사처럼… 깍깍깍…."

까치 소리에 놀란 물새들이 갈릴리 수면 위로 푸드득 날아갔다. 나는 온전히 치유된 재완이가 날아다니는 것을 상상하며 웃었다. 그날이, 그런 날이 속히 오리라. 그날을 위해서 우리는 더욱 주님의 오심을 위해 땀 흘리고 눈물로 씨를 뿌리리라. 작은 다짐을 갈릴리에 심었다.

갈릴리에서 돌아오는 길, 저녁 무렵 유대 광야에 도착했다.

진홍빛의 진한 노을이 묵화墨畵처럼 황막한 광야를 잠식하고 있었다. 여러 번 왔지만 이렇게 신비로운 광야는 처음이다. 우리는 누가 시킨 것도 아닌데 찬송가 〈주 하나님 지으신 모든 세계〉를 화음을 넣어서 감격으로 찬양했다. 그러고 나자 갑자기 내 안에서 의도하지 않은 〈하바 나길라 Hava Nagilah〉가 터져 나왔다.

하바 나길라 하바 나길라
하바 나길라 베니쉬메하

나는 갑자기 아이처럼 춤추며 하나님께 나아가고 싶었다.

이 노래는 이스라엘 민요지만 1960년대 영화 〈엑소더스Exodus〉의 주제곡으로 더욱 유명해졌다. 2차 세계대전에 홀로코스트(유대인 대학살)를 피해 약속의 땅인 이스라엘로 돌아오는 유대인들의 이야기를 그린 이 영화에서 '하바 나길라'가 나온다. 우여곡절 끝에 고토故土로 돌아온 유대인들, 그들이 다시 황무지 같은 그 땅을 개척하는 장면에서 이 노래가 배경으로 나온다.

제목처럼 "자, 기뻐하며 즐거이 춤을 춥시다"라고 그들은 약속의 땅을 회복하는 것을 즐겼다. 재완이의 환상으로 가시나무를 보게 됐던 미야자키에서 온 노나까 목사의 손을 잡고 나는 춤을 추었다. 그러자 미국과 일본의 점잖은 목회자와 사역자들도 덩달아 춤을 추었다. 성령님과 함께 춤을 추는 것이라면 빠질 수 없는 재완이도 한 구석에서 격렬하게 춤을 추고 있었다.

> 하나님은 우리 무지무지
> 좋아해 사랑해

유대 광야에서 돌아온 날 밤, 호텔 로비에서 재완이는 이런 시를 썼다.

베다니와 벳바게의 아직 열매가 없는 그 무화과 아래서 여전히 재완이는 계속 시를 썼다. 마치 시를 쓰는 것이 순례자의 본질인 것처럼 쓰고 또 썼다.

32

버드나무에 카자흐스탄에서 손님이 왔다.

성령님을 만나고 인도하심을 받은 후에 이 작은 공간에 전 세계에서 사람들이 찾아온다. 그리고 하나님나라를 위한 많은 일이 일어난다. 참으로 신기한 일이다.

"그곳에서 장애인 사역을 하고 있어요. 힘들고 무기력하기만 했던 장애인 친구들의 삶이 성령을 체험하고 완전히 바뀌었습니다."

카자흐스탄에서 장애인 축구 국가대표팀 감독까지 한다는 이민교 선교사님의 간증은 정말 독특하고 감동적이었다.

"농아인 친구들이 방언을 받았는데 놀랍게도 손으로 방언을 하더군요."

"네?! 손으로 어떻게 방언을?"

《하늘의 언어》를 쓴 후 방언에 대해 무수한 사례들을 읽고 기도하며 참으로 다양한 성령체험의 풍경들을 보았다. 하지만 손으로 방언을 받는다는 것은 처음 들었다.

"그 아이들에게 성령님이 임하시자 손이 떨리면서 너무나 충만해지기에 이상해서 살펴보니까 놀랍게도 손으로 방언을 하는 것이었어요."

"수화手話로 놀라운 말을 하는 것이네요? 성령님의 역사는 정말 측량할 수가 없군요."

"네, 방언을 받고 나서 그 친구들이 치유의 은사를 받아서 다른 정상적인 사람들을 치유하는 것을 보고 또 얼마나 놀랐는지 모릅니다. 생生을 포기하고 절망했던 아이들이 그렇게 변한다는 것은 전에는 상상도 못한 일입니다."

손으로 방언을 하다니…. 어떤 이가 들으면 판단할 만한 이야기다. 그러나 나는 아버지의 사랑에 감사하였다. 말을 못하는 친구들의 입장은 생각해본 적이 없다. 우리 아버지는 인간의 지식과 경험, 판단을 넘어서 그런 이들에게도 성령을 부어서 당신의 아름다운 자녀로 세우기를 원하신다.

이 선교사님은 말하는 내내 얼굴에 감격의 빛이 아른거리고 있었다. 문득 떠오르는 말씀이 있었다.

하나님이 말씀하시기를 말세에 내가 내 영을 모든 육체에 부어주리니 너희의 자녀들은 예언할 것이요 너희의 젊은이들은 환상을 보고 너희의 늙은이들은 꿈을 꾸리라 그때에 내가 내 영을 내 남종과 여종들에게 부어주리니 그들이 예언할 것이요 행 2:17,18

마지막 때에는 '모든 육체에' 성령을 부어주신다.

이것이 하나님 아버지의 마음이요 뜻이다. 이 말씀과 함께 재완이가 불쑥 떠올랐다. 재완이야말로 이 예언을 온몸과 삶으로 체휼한 것이다. 아버지는 잘 배우고 훈련되고 그럴듯한 존재에게만 성령을 부어주시지 않는다. 나는 '남종과 여종'에게 성령을 부어주신다는 것에 늘 감격이 솟는다. 우리 아버지는 가장 남루하고 비천한 자들이 영광스럽고 놀라운 하나님나라와 의義를 이루는 것을 기뻐하신다.

나는 선교사님께 재완이 얘기를 했다. 뇌성마비로 열 살에 겨우 문 밖에 나와 본 친구가 성령님을 만나고 그 뒤틀린 생을 흔들고 오히려 다른 영혼들을 치유하고 위로하고 있다고, 재완이야말로 이 말씀을 성취하는 풍경이라고. 이 선교사님도 《하늘의 언어》에서 인상 깊게 읽었다며 재완이를 무척 보고 싶어 했다. 언젠가 재완이와 카자흐스탄에서 장애인 친구들과 축구 한판 하자고 다짐하고 헤어졌다.

그러자 거짓말처럼 재완이에게서 문자가 왔다.

"너 영화 찍는다며 소식도 없냐?"

재완이는 아직도 영화를 포기하지 않은 모양이다.

집요한 녀석이다. 나는 즉시 전화를 걸었다.

"너, 양반되기는 다 틀렸구나. 금방 네 얘기하고 생각했더니 바로 전화질이냐?"

"그려, 난 평생 밑바닥에서 시나 쓰고 살란다. 예수님처럼 가장 낮은 땅 여리고에서 살란다."

나는 하하 웃었다. 그것은 내가 이스라엘에 갔을 때 여리고에서 한 말이다. 여리고는 지구상에서 가장 낮은 땅이다. 예수님의 공생애가 여리고의 요단강에서 시작되었다는 것은 그런 의미가 있다. 세상의 가장 낮은 곳에 종의 형체로 오신 것이다. 그것이 하늘이 이 땅으로 내려와 침투하는 그 나라의 형상이다.

"그러므로 주님의 손과 발이 되기를, 그 형상을 꿈꾸는 자들은 여리고의 요단강과 그 광야로 예수님의 공생애의 현장으로 나아가야 합니다."

예수님의 세례터에서 같이 간 동지들에게 내가 말하자 재완이가 "아멘!" 하고 외치던 것이 생각났다. 그 말을 잊지 않은 것이다.

다음 날 광화문에 가려고 창희 형에게도 전화를 했다.

"나 아파, 몸이 안 좋아서 나가지 못해…."

목소리가 물먹은 솜처럼 축 처져 있다.

"어디가? 많이 아파?"

"응, 허리하고 가슴하고 다 아파."

꽉 잠긴 소리가 엄살은 아닌 듯하다.

재완이에게 연락하니 먼저 창희 형 집에 들르자고 한다. 오랜만에 전철을 타고 광화문에 내렸다. 적선동의 기와골은 변한 게 없다. 재완이와 창희 형과 낄낄거리며 돌아다니던 골목과 담 밑의 맨드라미, 무화과나무, 식당들도 여전하다. 길가에 채소를 내다 파는 꼬부랑 할머니도 아직 지키고 있었다.

'참… 이 친구들과 이 골목들을 쏘다닌 것이 제겐 축복이네요.'

혼잣말을 하며 본능처럼 그 풍경들을 카메라에 담으며 갔다. 창희 형 집 쪽에 들어서자 재완이 그림자가 느껴졌다. 먼저 와서 기다린 모양이다.

"야, 냄새가 지독해. 저런 곳에서 혼자 드러누워 있어."

따라 들어가 보니 정말 전보다 더 지저분했고, 습기와 온갖 악취가 뒤섞여 있다. 예전에 노숙자들을 촬영하던 생각이 날 정도였다.

"형, 괜찮아? 많이 아파?"

창희 형이 때에 절은 침대 위에 드러누워 끙끙거린다. 재완이가 급히 다가가더니 아프다는 허리에 손을 대고 기도를 시작했다.

"아버지, 창희 형을 치유해주세요. 예수님의 이름으로, 보혈의 능력으로 아픈 허리가 싹 낫도록 역사해주세요."

간곡히 기도하자 누워만 있던 형도 예의상 일어나 앉았다. 그리고 반가운 표정으로 씩 하고 웃는다. 눈가에 주름이 더 늘어난 것 같다. 그래도 만나니 참 반갑고 좋다.

"우현아, 형 이사시켜야겠다. 집이 너무 오래되어 건강에 문제가 있어."

재완이가 심각하게 말했다. 그동안 홀로 놔둔 것이 미안했다. 너무나 분주하게 이 나라 저 나라로 돌아다닌 것이다.

"그동안 뭐하고 지냈어?"

"응, 나야… 음악하지. 음악이 있어서 안 외로워."

"음악만 있으면 돼?"

"아니, 여자도 같이 있으면 좋고…."

우리는 와하하 함께 웃었다.

갑자기 어둡고 악취로 가득한 지하방이 밝아진다. 조금 전까지 거의 죽어가던 창희 형이 재완이와 여자 얘기를 하며 수다를 떤다. 언제 아팠느냐는 듯이 쉬지 않고, 웃으며 수다를 떠는 것을 보니 재완이의 기도가 정말 능력이 있나보다.

"형, 이제 여자 얘기 그만해. 그동안 무슨 음악을 했어? 평소에 위로받던 곡 하나 해줘."

하도 여자 얘기를 멈추지 않아 내가 분위기를 바꾸었다.

그러자 창희 형이 낡고 작은 배낭에서 작은 하모니카를 꺼낸다. 그러더니 〈나 같은 죄인 살리신 Amazing Grace〉을 불기 시작한다. 그동안 연주가 더 깊어졌다. 이 단순한 곡을, 이토록 작고 싸구려 악기로 가슴을 저미게 한다는 것은 위대한 경지이다. 재완이가 고개를 까닥까닥하며 연주를 듣는다. 나는 두 사람을 가만히 찍었다. 세상 어디서도 들을 수 없는 연주다.

정말 우리가 만나 살아온 여정이 '어메이징'하다.

"브라보! 앵콜… 베리 굿!!"

오랜만에 재완이가 소리를 지르며 앵콜을 청한다.

으쓱해진 창희 형은 이제 완쾌된 것 같다. 그리고 잠시의 망설임도 없이 앵콜 연주를 시작한다. 처음엔 무슨 곡인지 알 수 없었으나 잠시 후에 알아채고는 재완이가 "하!" 하고 감탄을 했다. 그것은 〈목마른 사슴〉이었다.

목마름 사슴 시냇물을 찾아 헤매이듯이
내 영혼 주를 찾기에 갈급하나이다

'이 친구들과 이 골목들을 쏘다닌 것이
제겐 축복이네요.'

주님만이 나의 힘 나의 방패 나의 참 소망
나의 몸 정성 다 바쳐서 주님 사모합니다

창희 형의 연주를 따라 우리는 나직이 찬양을 불렀다.

비록 쾌쾌한 냄새와 때에 절은 어둔 지하방이지만 우리는 목마른 사슴처럼 예수님을 갈망하고 찬양했다. "나의 몸 정성 다 바쳐서" 부분을 부를 때 눈물이 솟았다. 아주 작은 휘파람 같은 쉼이 스민 문병을 마쳤다.

바보새의 노래

나는 재완이가 그 누구보다 일본, 이스라엘, 북한, 인도, 아프리카를 품고 기도하는 것을 알기에 믿는다.
이미 하늘 아버지가 사랑과 애통으로 품으시고 마음을 부어주신 땅들을 소유한 것이다.
작은 사랑과 섬김, 기도의 충성을 드려서 점점 하나님나라의 숲을 키우고 있는 것이다.

33

다시 재완이는 광화문 역 부근에 장사를 펼쳤다.

언제 아팠냐는 듯이 창희 형이 자전거를 타고 나타났다. 그런데 해병대 조교 같은 붉은 모자에 '장애인'이라는 글자가 새겨져 있었다. 조끼 등에도 '장애인'이라는 노란 글씨를 재봉으로 박았다. 참 이상야릇한 패션이다.

"형, 장애인 티내는 거야? 그런 건 왜 써 붙이고 다녀?"

재완이가 그걸 보더니 안 좋은 표정으로 점잖게 한마디 한다. 그 전 같으면 노인네가 실성을 했다며 욕을 퍼부었을 텐데….

그 말에 진심으로 위해주는 사랑이 느껴진다.

"아니, 지나가는 차나 오토바이가 나를 치려고 하잖아. 내가 앞이 잘 안 보이는 줄도 모르고 말이야. 그래서 붙였지."

재완이가 순하게 말하자 창희 형도 온순하게 답한다.

"그랬어? 형, 다닐 때 길 조심해야 돼. 차도는 위험해."

"알았어. 조심할게. 고마워, 걱정해줘서…."

그런 대화를 듣고 있자니 재완이가 정말 많이 변했음을 새삼 느낀다. 만나면 투닥거리던 공포의 천적天敵 사이가 언제 이렇게 부드러운 애인처럼 변했나 실감이 나지 않는다. 내가 다 어색해지려고 한다.

"와아… 재완이 정말 온유한 사람이 다 됐구나? 전부터 느꼈지만 창희 형을 만나니 더욱 그렇네. 너무 변했어."

"온유하기는 뭘… 아직 멀었지."

슬쩍 무심히 대꾸하더니 길바닥에 앉아 시를 쓴다.

창희 형은 자전거에 싣고 온 검은 비닐 안에서 카세트를 꺼내더니 노래를 튼다. 어디서 구했는지 〈하바 나길라〉를 크게 틀어놓고 하모니카로 따라서 신나게 불어댄다. 시를 쓰던 재완이도 움찔움찔 고개를 흔들며 반응하고 지나가던 사람들도 미소로 쳐다본다.

광화문에서 이 노래를 다시 듣다니…. 창희 형은 야릇한 미소를 지으며 그 노래를 붕짝붕짝 하모니카로 따라했다. 어떻게 이런 곡들을 다 안단 말인가? 참 신기한 형이다. 아프다더니 동생들을 찾아와 〈하바 나길라〉를 불어 재끼는 창희 형의 풍경은 무슨 예언을 만난 듯 흥분을 주었다.

내가 여호와 앞에서 뛰놀리라 삼하 6:21

다시 이 말씀이 오버랩되었다.

'다윗은 온 힘을 다하여 여호와 앞에서 춤을 추었다'고 성경은 기록한다. 이보다 아름다운 문장이 있을까? 그렇게 하나님 아버지 앞에서 천국의 아이처럼 뛰놀겠다는 것이다.

'나도 온 힘과 뜻과 정성을 다해서 아버지 앞에서 춤을 추리라.'

그런 문장이 내 안에서 저절로 만들어졌다.

〈하바 나길라〉는 더욱 격렬해지고 창희 형은 신기神技에 가까운 연주를 하고 있었다. 나는 그 모습을 촬영하며 기도했다.

'아버지, 저도 이 광야에서 이 작고 작은 친구들과 뛰놀겠습니다. 아버지 앞에서, 주님 앞에서, 성령님과 함께 사모하는 처음 익은 무화과를 드리겠습니다.'

노래가 끝나자 창희 형이 자기 주머니에 손을 넣으라고 했다. 무슨 엉뚱한 장난을 치려고 하나 하면서도 속아주려고 손을 넣으니 뜻밖에 땅콩이 가득하다. 무언가를 챙겨서 나누어주는 것은 여전하다. 재완이에게도 한 움큼 주었으나 시에 몰두한 채 그냥 액자 옆에 놔두라고 눈짓만 한다.

"형도 먹어야지."

내가 땅콩을 까서 입에 대주자 "난 못 먹어. 틀니여서 딱딱한 거 먹으면 큰일 나"라며 빙그레 웃는다.

다시 오롯한 감격이 솟는다.

자기는 먹지 못하는 땅콩을 주머니 가득 넣고 다니다가 만나는 사람들마다 손을 넣어 가져가라고 한다. 나는 보석을 받은 양 그 땅콩을 가만히 손에 쥐고 있었다. 재완이가 얼추 시를 완성하고 땅콩을 하나 입에 넣었다.

> 난 여호와께
> 즐거운 노래 부르려고 살지
> 꼭 한번
> 들려드리고 싶다

재완이가 일어서서 땅콩을 먹더니 무언가를 보고 눈이 밝아진다. 땅콩을 보고 비둘기 한 마리가 날아온 것이다. 재완이가 땅콩을 반으로 갈라 비둘기에서 던져준다. 꿀꺽 삼키다가 목에 걸리지 않게 더 부수어서 준다. 이 작고 섬세한 풍경 속에 잠잠히 하나님의 나라가 만져진다.

> 적은 무리여 무서워 말라 너희 아버지께서 그 나라를 너희에게 주시기를 기뻐하시느니라 눅 12:32

나는 그것을 가만히 촬영하다가 재완이 시 노트를 뒤적였다.

그동안도 쉬지 않고 쓴 시들이 노트 한 가득이다. 누가 알아주지 않는데도, 봐주지 않아도 부지런히 하나님을 찬양하고 감사하는 시들을 썼다. 사슴벌레처럼….

천지를 만드신 분의 영이
날 지배합니다

나는 한 가지 소망한다
내 몸에 있는 생수가 터져 나와
물고기가 놀 수 있는 강물이 되었으면
참 좋겠다

이런 시들 틈에 생각지 않은 것이 있었다.

그것은 아마 예수님이 팔복을 설교하신 갈릴리 에레모스 산에서 쓴 시인 것 같았다.

예수님은 팔복을 통하여서
무슨 말씀을 하시고 싶었을까

세상 끝나는 마지막 계절에 들어섰다
우리는 팔복의 비밀을 알아야 된다

"주님께서 팔복의 비밀을 풀어주셔. 기도할 때마다 마지막 때에는 그것이 가장 중요하다고 말씀하셔."

내가 시를 보고 있자 재완이가 다가와 말했다. 그때는 깊이 새겨두지 않았다.

"그래? 온유한 자는 무슨 뜻이냐? 주님께서 그 비밀도 가르쳐주셨니?"

정말 궁금해서 재완이에게 물었다.

나의 팔복 시리즈는 《가난한 자는 복이 있나니》와 《애통하는 자는 복이 있나니》까지 작업을 하고 멈추어져 있었다. 이상하게 더 나아가지 못했다. 그것은 내게 은근한 짐이었다.

"감독님… '온유한 자'는 언제 나오나요?"

"팔복 다음 편은 안 나오나요? 무척 기다리고 있는데…."

"주님께서 아직 사인을 주지 않으셨나요?"

촬영을 하거나 집회에서 만나는 이들이 자주 이런 질문을 했다.

"제가 마음대로 하는 것이 아니고… 주님께서 열어주셔야 하지요."

그때마다 나는 같은 답을 했다.

그것은 진실이다. 팔복 시리즈는 내가 시도했으나 분명 성령님의 인도하심 가운데 진행된 작업이다. 먼저 만든 두 작품들은 모두 주님께서 그 상황들을, 주인공들을 열어주셨다. 나는 오직 그분에게 복종한 것뿐이다.

그러나 세 번째 '온유한 자'는 쉽지가 않았다. 솔직히 《온유한 자는 복이 있나니》 작업을 나름대로는 추구했었다. 그러나 쉽지 않았다. 그러는 사이에 《하늘의 언어》를 내게 되었고, 상상하지 못한 길들을 다닌 것이다.

"온유한 자는 예수님의 마음을 가진 사람이야. 예수님처럼 오직 자기를 부인하고 십자가를 지고 가는 사람, 황량한 사막으로 걸어가는 사람…."

온유한 자에 대해 재완이가 깨달은 것을 말했다.

매우 상투적인 것 같은데 묘한 감동이 있었다. "나는 마음이 온유하고 겸손하니 나의 멍에를 메고 내게 배우라 그리하면 너희 마음이 쉼을 얻으리니"(마 11:29) 하신 주님 말씀이 생각났다.

"온유함이 있어야 샬롬이 있어."

재완이가 툭 던지고 시에 다시 몰두한다.

온유한 자는 복이 있나니 그들이 땅을 기업으로 받을 것임이요 마 5:5

이스라엘로 인도되어 가면서 나는 더욱 하나님이 주시는 기업, '땅'에 대하여 생각이 깊어졌다. 그 땅은 하나님의 나라이다. 약속을 받았다 해도 아무나 가는 것이 아니다. 오직 온유한 자만이 가는 것이다.

"다른 것은 성령께 사로잡혀 어느 정도는 얼떨결에 했는데 온유한 자는 정말 어렵네요. 내가 온유함을 아직 배우지 못했나봐요."

그후에 출간에 대해 묻는 이들에게는 이렇게 답을 했다. 그것 또한 사실이었다.

주님이 말씀하신 온유함이 무슨 뜻일까 성경적인 의미를 찾아보았다. 뜻밖에도 그것은 그저 성품이 좋고 인격이 성숙한 영혼을 의미하는 것이 아니었다. 성경이 말하는 '온유'溫柔란 '거칠고 힘센 야생의 짐승을 조련사가 훈련시켜 순하게 만든 상태'를 뜻한다. 조련사인 성령님을 통해 그 인격과 삶이 온전히 하나님의 나라와 그 뜻에 복종된 상태이다.

모세가 그 전형을 보여준다. 하나님께서는 "모세는 온유함이 지면의 모든 사람보다 더하더라"(민 12:3)라고 말씀하셨다. 그런데 그는 본래 공명심과 혈기와 자기 의가 강한 자였다. 그 혈기로 살인을 하고 미디안 광야로 도망가서 사십 년을 양을 치며 연단을 받았다. 그런 과정에서 그는 혈기가 죽고 자기가 아무것도 아님을 깨달은 것이다. 이제 오직 하나님만 복종하는 양 같은 자가 된 것이다. 그것을 '온유함'이라고 한 것이다.

온유한 자는 자기의 성품을 그리스도께 복종시켜 오직 하나님의 기쁘신 뜻만을 구하는 자다. 모든 세포와 DNA까지 그 무엇보다 하나님의 나라와 의를 추구하는 것이다.

34

얼마 전 재완이의 영화를 만들기 위해 예전에 촬영한 테이프들을 몇 개 꺼내어 보았다. 1990년대 초반, 교회에 가는 골목길에서 담배를 피던 풋풋한 재완이가 나왔다. 끝없이 피워대던 담배, 거칠고 허기지고 절망한 멘트들.

"너 찍어도 되냐?"

검은 비닐봉지를 찍으며 가는데 그것이 누군가의 발에 걸린다.

카메라를 위로 향하니 재완이가 담배를 피우며 인상을 꽉 쓰고 있다.

"맘대로 해라. 근데 나 같은 놈 찍어서 뭐할래?"

내가 촬영해도 되냐고 묻자 퉁명스럽게 답을 한다. 그러더니 길가에 묶여 있는 개를 보고, "야! 나도 꽉 묶여 있다. 오도 가도 못하고 내 인생도 꽉 막혀 있다" 하며 일그러진 모습으로 담배 연기를 잔뜩 뿜어댄다.

폐가들과 갈대숲과 후미진 곳들만 찾아 떠돌던, 세상의 모든 허무를 다 들이마신듯 깊은 한숨을 내쉬던 재완이가 이토록 달라진 것이다. 거칠고 야생의 들개 같던 생生과 성품이 성령님을 만나고 하나님의 사람으로 변한 것이다. 비록 무명의 떠돌이 시인이지만 온유한 자가 된 것이다. 내가 구한 그 주인공을 바로 곁에 응답하셨는데 그것을 모르고 거창하고 폼 나는 무엇만 찾아다닌 것이 부끄러웠다.

난 아무것도 할 수 없으나
내 안에 살아 움직이는 성령님 도움으로
내가 움직인다

사람이 성령 하나님 맛보게 되면 바꿔진다
내가 그전에 성령의 맛을 몰랐다

연습장의 여백마다 이런 시들이 가득하다.
이 단순하고 과감한 시는 진정으로 온유한 자가 무엇인지 보여주고 있었다.

갑자기 내 영이 밝아지는 느낌이었다.

'이것이 온유한 자의 풍경이구나. 그걸 알지 못하고 먼 데서 찾았구나.'

마치 성령님께서 눈에 비늘을 벗기고 보여주는 것만 같았다.

"전에 온유한 자가 되게 해달라고 기도했었어."

마치 내 심중을 읽기라도 한 듯이 갑자기 재완이가 말했다.

"정말? 그래서 이렇게 변했구나. 그러면 약속하신 그 땅을 받았니?"

"그 땅은 바로 하늘의 마음이야. 예수님의 마음이지. 너무나 넓고 위대한 사랑의 땅이야. 난 그것을 구했어. 그리고 아주 조금 알게 됐지."

나는 무슨 천상에서 울리는 음성을 듣는 줄 알았다.

온유한 자가 받은 그 기업, 그 땅이 '하늘의 마음'이라니…. 생각하지도 못한 것이었다. 이제 조금 그것을 알게 됐다고 말하는 재완이가 정말 달리 보였다.

언젠가 우면산의 숲에서 온유한 자에 대하여 열어달라고 간절히 구한 적이 있다. 그때 내 앞에 아주 특이한 새 한 마리가 날아와 가만히 나를 쳐다보고 있었다. 너무나 독특한 모양을 하고 있었는데,

꼬리는 까치를 닮았고 머리는 산비둘기나 꿩처럼 생겼다. 그 새가 너무나 가까이 다가왔고 마치 지상에 없는 것처럼 여겨져서 신비한 느낌조차 들었다.

'온유함을 구했는데 왜 이 새를 보여주시지?'

사무실에 돌아와 그 새를 인터넷으로 찾았으나 나오지 않았다. 집요하게 찾자 결국 그 이름이 나왔다. 그것은 '어치'였다. 어치는 평범한 새다. 그런데 어치에 대해 자료를 찾다가 나는 감탄하고 말았다. 어치의 특징은 건망증이다. 겨울에 먹기 위해 도토리들을 낙엽이나 흙속에 쉬지 않고 파묻는다. 그런데 어디에 묻었는지를 잊어버리는 것이다. 반대로 다람쥐나 청설모는 도토리를 자기 굴에 가져와 생장점을 물어뜯어 쌓아둔다. 그래야 싹이 트지 않기 때문이다.

어치의 건망증은 엄청난 결실을 거두는데, 어디에 묻었는지 알지 못하기에 그것이 봄이 되면 싹을 틔운다. 독일의 산림 연구원들이 낸 자료를 읽었는데, 어치가 그렇게 하여 만드는 참나무 숲의 넓이와 규모가 상상을 불허한다는 것이다. 그래서 '바보새'가 숲을 이루고 있다는 것이다. 나는 이것과 '온유함'이 무슨 연관이 있을까 생각했다.

내 안에 아름다운
천국이 있다
천국이 내게 있다

열방의 노래 불러보자
내 가슴속에 열방이 있다면
그게 열방의 노래다
사랑으로 노래한다면
그곳이 내 땅이다
아버지의 땅이다

나는 재완이의 시 노트를 읽으며 카자흐스탄에서 온 선교사님 얘기를 했다. 장애인 아이들과 뻥튀기 장사를 하면 공동체에 수익이 좋을 것 같다는 내용이었다.

"야! 우리가 그 뻥튀기 기계 사주자."

"그게 얼마나 비싼데… 삼백만 원도 넘는다는데…."

"그래도 우리가 기도하고 애쓰면 살 수 있을 거야. 아버지가 도와주실 거야."

재완이는 항상 어려운 이들에 대해서 나누면 즉각 반응한다.

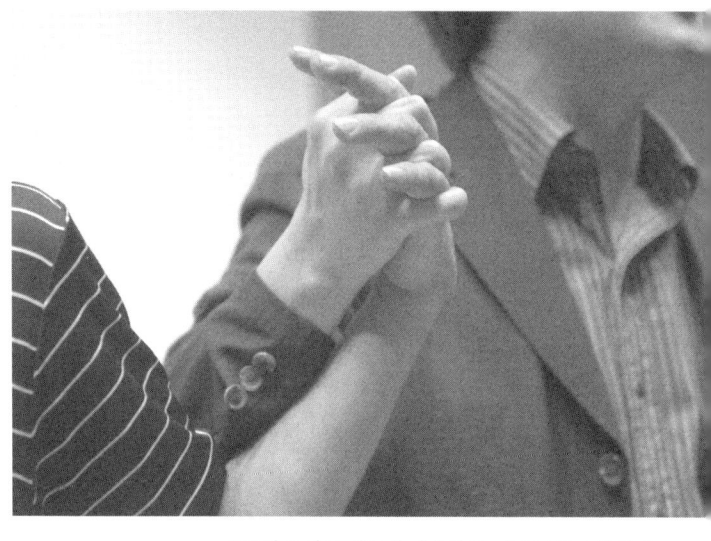

"그 땅은 바로 하늘의 마음이야. 예수님의 마음이지.
너무나 넓고 위대한 사랑의 땅이야."

그것의 규모나 액수가 얼마든지 상관하지 않고 적극적이다. 그리고 자기가 거리에서 힘들게 번 물질을 가장 먼저 가지고 온다. 그렇게 묻은 물질과 기도와 시간들은 헤아릴 수 없으리라.

'이것이 진정 바보새가 아닌가?'

이 계산하지 않은 마음은 하늘에서, 우리 아버지에게서 나온 것이리라. 그래서 재완이는 여전히 수많은 땅을 품고 섬긴다. 이 광야 같은 광화문 길바닥에서….

"일본에 9월에 부흥을 주신데."

"그걸 어떻게 알아?"

"기도하는데 아버지가 그 마음을 주셨어."

"내가 9월에 동북부에 일본 목회자 연합집회에 가는데."

"그래? 그럼 같이 가자. 나도 가서 기도하게. 반드시 부흥을 주실 거야."

누가 맥락 없이 들으면 '무슨 엉뚱한 소리들을 하나' 할 것이다.

그러나 나는 재완이가 그 누구보다 일본, 이스라엘, 북한, 인도, 아프리카를 품고 기도하는 것을 알기에 믿는다. 이미 하늘 아버지가 사랑과 애통으로 품으시고 마음을 부어주신 땅들을 소유한 것이다. 밤톨 하나, 도토리 하나처럼 작은 사랑과 섬김, 기도의 충성을 드려서 점점 하나님나라의 숲을 키우고 있는 것이다.

나도 작은 충성으로 내게 주신 그 숲을, 황토빛 광야를 더 키우리라 다짐했다. 한구석에서 창희 형이 우리를 보더니 빙긋이 웃고 하모니카를 연주하기 시작했다.

예수께로 가면 나는 기뻐요
걱정 근심 없고 정말 즐거워
예수께로 가면 나는 기뻐요
나와 같은 아이 부르셨어요

나는 창희 형이 연주하는 찬송을 흥얼거리며 재완이의 시를 읽었다.

예루살렘의 하늘 참 맑다
그 밑에는 작은 꽃들이 핀다

온유한 자는 복이 있나니

초판 1쇄 발행	2010년 8월 20일
초판 7쇄 발행	2010년 9월 21일
지은이	김우현
펴낸이	여진구
편집국장	김응국
기획·홍보	이한민
책임편집	김아진, 최지설
편집 1팀	안수경, 손유진, 강민정, 이영주
책임디자인	정해림, 전보영 ǀ 이혜영, 이유아
해외저작권	최영오
마케팅	김상순, 강성민, 허병용, 이기쁨
마케팅지원	손동성, 최영배, 최태형
제작	조영석, 정도봉
경영지원	김혜경, 김경희
이슬비전도학교	엄취선, 전우순, 최경식
303비전성경암송학교	박정숙, 이지혜, 정나영
303비전장학회 & 303비전꿈나무장학회	여운학
펴낸곳	규장

주소 137-893 서울시 서초구 양재2동 205 규장선교센터
전화 578-0003 팩스 578-7332 이메일 kyujang@kyujang.com
홈페이지 www.kyujang.com 트위터 twitter.com/_kyujang
등록일 1978.8.14. 제1-22

ⓒ 저자와의 협약 아래 인지는 생략되었습니다.
이 출판물은 저작권법에 의해 보호를 받는 저작물이므로 무단 전재와 무단 복제를 할 수 없습니다.

책값 뒤표지에 있습니다.
ISBN 978-89-6097-167-7 03230

규 ǀ 장 ǀ 수 ǀ 칙

1. 기도로 기획하고 기도로 제작한다.
2. 오직 그리스도의 성품을 사모하는 독자가 원하고 필요로 하는 책만을 출판한다.
3. 한 활자 한 문장에 온 정성을 쏟는다.
4. 성실과 정확을 생명으로 삼고 일한다.
5. 긍정적이며 적극적인 신앙과 신행일치에의 안내자의 사명을 다한다.
6. 충고와 조언을 항상 감사로 경청한다.
7. 지상목표는 문서선교에 있다.

하나님을 사랑하는 자 곧 그의 뜻대로 부르심을 입은 자들에게는 모든 것이 合力하여 善을 이루느니라(롬 8:28)

규장은 문서를 통해 복음전파와 신앙교육에 주력하는 국제적 출판사들의 협의체인 복음주의출판협회(E.C.P.A:Evangelical Christian Publishers Association)의 출판정신에 동참하는 회원(Associate Member)입니다.